"행복을
 말하다"

일러두기
'행축'은 한성교회에서 매년 진행하는 전도 행사를 지칭하는 '행복한 사람들의 축제'를 줄여서 부르는 말입니다.

행복을 말하다

행복한 사람이 만들어 가는 행복한 세상

도원욱 지음

Jacob's Ladder

추천사

2020년에 UN에서 세계 300대 도시의 행복 지수를 발표한 적이 있습니다. 서울은 83위, 인천은 88위, 대구는 102위, 부산은 107위였습니다. K-pop, K-drama 등 세계를 놀라게 하는 일들이 많아지고, 국제적인 위상도 놀랍게 달라졌지만, 그러나 대한민국은 여전히 불안하고, 불행해합니다.

여기에 교회가 져야 할 부담이 있다고 생각합니다. 그런 의미에서 도원욱 목사님의 책 『행복을 말하다』를 추천합니다. 예수님을 만나 행복해진 사람들이 진정한 변화를 경험하고, 다시 그 행복을 주변에 전한 이야기가 고스란히 담겨 있기 때문입니다.

책 곳곳에 '행복한 사람이 행복한 세상을 만든다'라는 표현이 있습니다. 주님 안에서 행복을 경험한 목사님과 성도님들의 삶의 이야기를 접하며, 위에 언급한 문장은 단순한 한 문장이 아닌 생명력 있는 진리임을 확인하게 될 것입니다.

전도가 어려운 시기입니다. 그 어느 때보다 고뇌하게 하는 시간입니다. 그러나 원리는 간단합니다. 내가 행복하지 않으면, 내가 변화되지 않으면 내가 경험한 복음은 전해질 수 없습니다.

이찬수 목사 | 분당우리교회 담임목사

코로나19가 지구촌을 두려움과 공포로 몰아넣고 있다. 그 여파로 한국교회도 심각한 위기 상황을 맞이하고 있다. 생계를 유지하기 위해 알바를 하는 목회자들이 증가하고, 약 20% 이상의 평신도들이 교회를 떠나가고 있다.

그런데 이런 상황 속에서도 놀랍게 부흥하는 교회가 있다. 한성교회다. 매년 비신자 4,000여 명이 '행복한 사람들의 축제'에 참석하여 복음을 듣고, 정말 많은 사람들이 금요성령집회에 모여 뜨겁게 기도하며, 유튜브 찬양 영상을 1억 명 이상 시청할 정도로 한국교회에 지대한 영향을 미치고 있는 한성교회. 그 한성교회를 담임하는 목회자가 바로 도원욱 목사님이다.

그와 20여 년 넘게 교제하면서 나는 어떻게 그가 부임하는 교회마다 부흥할 수 있는지 그 비결이 궁금했다. 그리고 몇 년 전, 그 이유를 정확하게 알게 되었다. 바로 그의 행복론 때문이었다.

대부분은 예배를 교회의 가장 중요한 사역으로 이해한다. 그러나 그는 오히려 전도하기 위해 예배를 드려야 한다고 힘주어 말한다. 그래서 그는 성도들이 주일 설교를 통하여 은혜를 받고 나가서 복음을 전하도록, 즉 선교적 삶을 살아가는 힘을 얻도록 한 편의 설교를 만드는데 매주 목숨을 건다.

도원욱 목사님의 설교를 듣고 자신이 행복한 사람이라는 것을 깨달아 세상에서 선교적 삶을 살고 있는 모습을 보여주는 것이, 바로 한성교회가 일 년에 반드시 두 번씩 하는 '행복한 사람들의 축제'이다. 본서는 한성교회 교우들의 선교적 삶의 열매를 소개하는 책이다. 좀 더 자세히 말하면 행복하고 건강한 교회가 되도록 도와주는 '행축' 시스템을 소개하고 있다.

본서를 읽으면 먼저 전통적인 교회론에 변화가 일어나게 되어 목회자는 성도들을 행복하게 만드는 설교자가 될 것이고, 성도들은 행복한 사람들이 되어 복음을 전하므로 침체된 교회가 행복하고 건강한 교회로 되살아나게 될 것이다.

본서와 함께 금년 10월에 열리는 '행축 콘퍼런스'를 통하여 한국교회에 전도의 새바람이 강력히 일어나고 지구촌 곳곳에 번져나가므로 세계 복음화를 앞당기는 기적이 일어날 것을 확신하며 필독을 권한다.

안창천 목사 | 더처치 담임목사, D3전도중심제자훈련 대표

전도는 교회의 핵심 사역입니다. 그러나 안타깝게도 교회마다 어떻게 전도를 해야 할지 구체적인 전략은 별로 없는 실정입니다. 다만 열정적인 몇몇 성도들이 개인적으로 전도에 열심을 낼 뿐입니다. 전 교인이 함께 참여하여 전도하고, 초청된 사람들을 잘 양육하기 위한 구체적인 전도 전략이자 제자훈련이 이 책에 담겨

있습니다.

부교역자 시절 14번의 행축을 경험했습니다. 담임목사 부임 후 행축의 경험은 교회 성장의 원동력이 되었습니다. 농촌교회와 도시교회에서 부흥을 경험했고, 특히 분쟁과 상처로 얼룩진 교회에서 행축은 제자훈련의 역할을 감당하면서 교인들의 상처를 본질적으로 치료하고 회복했습니다.

이 책에는 도원욱 목사님이 평생 실천해온 전도와 제자훈련의 핵심이 담겨 있습니다. 행복한 사람들의 축제를 통해 수많은 영혼이 하나님께 돌아온 것을 보며 많은 이들이 도전받으리라 기대합니다. 또 어떻게 온 교회가 힘써 전도할 수 있을지 그 실제적인 방법과 열매를 보며 전도를 배울 수 있을 것입니다.

얼어붙은 것만 같은 한국교회의 상황을 돌파하기 위해서는 결국 전도의 불이 다시 살아나야 할 것입니다. 이 책을 통해 한국교회에 다시 한번 전도의 불이 당겨지기를 소망합니다.

최광영 목사 | 베들레헴교회 담임목사

일본 속담에 자녀들은 부모의 등을 보고 자란다는 말이 있습니다. 제게 도원욱 목사님의 등은, 책임이었습니다. 부교역자 시절, 주신 업무를 맡기실 때 믿어주시고 밀어주셨기에, 마음껏 사역을 펼칠 수 있었습니다. 제가 담임목회를 하면서, 목사님께서 만들어 주신 그늘이 얼마나 컸는지를 실감하게 됩니다. 에베소 교회를 목회하는 디모데에게 바울이 영적인 스승이자 아버지였던 것처럼, 제게는 도원욱 목사님이 바울과 같은 분이십니다. 복음이라는 본질을 향해 추호의 흔들림없이 서 계시면서 제자들이 그렇게 살도록 길을 열어 주신 분이십니다.

한성교회가 몽골선교를 처음 시작할 때였습니다. 영하 40도까지 내려가는 한겨울의 추위에, 현지인들이 가득 채워진 곳에서 복음을 전하시는 목사님의 모습이 눈에 선합니다. 당시 책임자로 있었던 저에게는 모든 것이 보였습니다. 그러나 복음을 향한 목사님의 믿음과 열정은 불가능이 없었습니다. 복음에 반응하는 현지인들의 눈물을 잊을 수가 없습니다.

행복한 사람들의 축제는 도원욱 목사님의 복음 중심, 영혼 중심의 목회 철학이 고스란히 담겨 있습니다. 생명을 다한 이야기가 책으로 나오게 된 것이 얼마나 기쁜지 모릅니다. 저 역시 목사님에게 배운 것을 가지고 작게나마 변화와 성장을 경험하고 있기에, 이 책을 행복한 마음으로 추천합니다.

김진우 목사 | 청라은혜교회 담임목사

존경하는 도원욱 목사님의 신간 『행복을 말하다』를 추천하게 되어 큰 영광으로 생각합니다.

목사님을 뵐 때마다, 가장 먼저 떠오르는 단어는 영적 성숙(成熟)입니다. 성숙이란 무르익은 것을 말합니다. 목사님의 사역과 삶의 자리에는 진정 하나님이 이끄시는 자만이 나타낼 수 있는 성숙함을 깊이 느낄 수 있습니다. 곡식과 과실이 무르익기 위해서는 여름의 작열하는 태양 볕과 폭풍우를 잘 견뎌내야 합니다. 뜨거운 태양 볕, 폭풍우는 우리 인생과 사역 가운데 만나게 되는 고난과 역경을 상징합니다. 한 마디로, 목사님의 목회 여정은 수많은 시련을 뚫고 생명의 열매들을 일구어 낸 진주와 같은 길이었다고 해도 과언이 아닐 것입니다. 그래서 목사님과 대화를 나눌 때면, 진정 고난의 광야를 통과한 자만이 쏟아낼 수 있는 영적 힘을 느끼며 숙연해집니다.

그런 의미에서, 이번에 출간하시는 『행복을 말하다』를 통해 영적인 완숙의 경지에서 나오는 인생과 사역적 통찰력을 느낄 수 있을 것입니다. 먼저, 책의 전반부에서는 목사님께서 걸어오신 목회의 여정에 대한 담론들을 통해, 하나님과 한 존재, 나아가 하나님 앞에 서 있는 한 목회자의 깊은 고뇌와 그에 따른 분별력을 얻게 될 것입니다. 아울러, 후반부에서는 한성교회와 저희 제자들의 교회에서 일어난 큰 부흥과 성장의 토대가 된 행복한 사람들의 축제에 대한 소개와 방법론들을 접하는 가운데, 주님께서 명하신 대위임령의 올바른 수행과 그에 따른 하나님의 역사를 보고자 갈망하는 목회자들의 목마름을 해갈할 수 있는 사역적 오아시스를 발견할 수 있을 것입니다.

이 글을 쓰고 있는 시기는, 우리 모두가 코로나19로 인한 팬데믹을 통과하고 있는, 인간 역사의 깊은 밤과 같은 때입니다. 비바람이 몰아치는 폭풍 속 바다 한 가운데서 키를 어디로 둘 지 몰라 방황하는 배에 올라 탄 것과 같은 역경과 시련의 때를 걷고 있습니다. 이 위기의 때에, 시대와 환경을 초월하여 일하시고 영광 받으시는 하나님의 위대한 역사에 대한 서사를 만나 볼 수 있기를 바랍니다. 아울러, 우리 모두의 사역과 공동체를 통해 우리가 상상할 수도 없는 일을 계획하시고, 진행하시며, 완성하기를 원하시는 우리 주 예수 그리스도의 마음을 깊이 느껴볼 수 있기를 바랍니다.

다시 한번, 도원욱 목사님의 신간 『행복을 말하다』를 기쁨과 사랑의 마음으로 추천합니다.

임재흥 목사 | 수원동부교회 담임목사

한성교회의 생명 살리는 사역은 우리에게 항상 도전이 됩니다. 코로나가 한창인 시기에 한성교회는 행축을 통한 생명 사역을 조금도 멈추지 않았습니다. 많은 이들이 코로나로 멈춰 있을 때, 한성교회는 오히려 더 강력하게 생명 살리는 사역을 감당했습니다. 그 중심에는 도원욱 목사님의 목회철학과 한 영혼을 향한 뜨거운 사랑이 있습니다.

저의 청년시절부터 지금까지, 30년이 가까운 세월에도 바래지 않는 도원욱 목사님의 한결같은 모습은 저에게 감동과 도전을 불러일으킵니다. 지금도 대화 중 한 영혼에 대한 말씀을 하시며 눈시울을 붉히시는 모습을 보면 함께 가슴이 뭉클해집니다. 한 영혼을 향한 사랑, 복음의 열정, 그리고 너무나도 분명하고 정확한 그의 교회론은 제자들을 넘어 한국교회의 많은 사역자들에게 도전이 되고 있습니다.

소망하기는 새롭게 출간되는 『행복을 말하다』가, 조국교회와 목회자들에게 길이 되고 답이 되기를 바랍니다. 그리고 모두가 부흥이 없다고 말하는 이 시대에 하나님의 놀라운 부흥을 경험하는 역사가 일어나길 기도합니다.

권기웅 목사 | 원남교회 담임목사

2014년 짧은 유학기간을 마치고 귀국하면서, 한성교회에서 사역을 시작하게 되었습니다. 신학생 시절부터 도원욱 목사님에 대해서 많이 들어왔고, 알고 있었지만, 마흔이 되어서야 비로소 목사님을 직접 모시며 목회를 배우게 된 것입니다.

목회란 이런 것이구나, 한 영혼을 살리는 일이 이렇게 어려운 것이구나를 제대로 깨닫는 기회였습니다. 목회현장의 실천적 방법론을 배우는 시간이었다고 말할 수 있겠습니다. 일주일 한 번의 예배가 성도 한 사람에게 얼마나 귀한 시간인지, 한 명을 전도하기 위해서, 어떤 수고와 눈물과 땀이 필요한지 몸으로 느끼며, 행복한 사람들의 축제를 매년 2번씩 쉬지 않고 반복하며 놀라운 역사들을 두 눈으로 볼 수 있었습니다.

기도하는 목회자의 모습을 직접 보여주셨고, 그 모습을 따라가며 조금씩 목사님을 배워갔습니다. 지금도 한성교회에서 목사님께 배웠던 그대로 그렇게 목회를 하고자 힘쓰고 있습니다. 이 책이 한국교회가 다시 한번 부흥을 경험하는 기초가 되기를 바랍니다. 제가 만났던 도원욱 목사님을 이 책을 통해 한국교회 목회자들과 성도들이 함께 알아가기를 기대합니다.

손광수 목사 | 새빛전원교회 담임목사

누군가 저에게 도원욱 목사님에 대해 묻는다면, 주저 없이 이렇게 말하겠습니다.

"스승을 만났습니다."

왜냐고 묻는다면, 성도로, 목회자로 살아가도록 그 분의 등을 내어주셨기 때문입니다.

그리고 무엇을 가르쳤다고 묻는다면, "눈물의 기도"와 "구령의 열정"이라고 말할 겁니다.

그 분의 삶으로 보여주신 신앙과, 목회, 그리고 영혼 사랑은 하나의 큰 지평이 되어 이 책 속에 고스란히 담겼습니다. 이 책은 오늘을 목회하는 목사는 물론, 앞으로 주의 교회를 섬길 수많은 미래의 목회자들에게 큰 힘이 되어줄 것입니다.

장동휘 목사 | 산서울교회 담임목사

들어가며

누가 세상을
바꿀 수 있을까?

　　선거철만 되면 정치인들은 내가 세상을 바꾸어보겠노라고 호언장담하곤 한다. 우리는 매번 그들의 말에 마음을 빼앗겨 혹시나 하는 기대를 걸지만, 그 기대는 언제나 실망과 허탈로 돌아온다. 죄에 무너진 이 세상의 구조가 바뀌지 않는 한 누가 해도 결과는 비슷할 뿐이다.

　　삶은 녹록지 않다. 우리는 온갖 문제에 쩔쩔매고 허덕이다 결국 죽음 앞에 서게 되고, 그 이후에는 심판만이 우리를 기다리고 있다.

　　그러나 예수를 만나면 죄로 무너진 인생의 구조가 바뀐다. 예수를 만나면 행복해진다. 예수를 누리면 그 행복은 더욱 깊어진다. 예수를 전하면 더 큰 행복이 만들어진다. 예수가 행복이다.

한국대학생선교회(C.C.C.)를 섬기셨던 故 김준곤 목사님께서 생전에 대학생들을 캠퍼스에 모아놓고 온종일 외치셨던 말씀이 귓가에 생생하다.

"제가 선창하면 여러분은 '예수 그리스도'라고 답하시기 바랍니다."

"내 인생의 문제를 어떻게 해결할 수 있습니까?"

"예수 그리스도!"

"내 힘으로 해결되지 않는 습관적인 죄는 어떻게 해결할 수 있습니까?"

"예수 그리스도!"

"방황하는 사람들을 어떻게 도울 수 있습니까?"

"예수 그리스도!"

"심각한 인간관계를 어떻게 해결할 수 있습니까?"

"예수 그리스도!"

"지금 힘들게 살아가는 내 가족과 친지들에게 필요한 것은 무엇입니까?"

"예수 그리스도!"

"어떻게 이 나라를 살릴 수 있습니까?"

"예수 그리스도!"

"두려운 내일과 장래에 대하여 어떻게 평안을 찾을 수 있습니까?"

"예수 그리스도!"

"우리는 무엇 때문에 살아야 합니까?"

"예수 그리스도!"

백 번을 물어도, 백 가지를 물어도 답은 오직 한 분, 오직 예수 그리스도뿐이다.

나는 예수로 행복해진 사람들을 수없이 만났다. 지금도 그들의 환한 얼굴과 고백이 눈과 귀에 선하다. 무엇보다 나 자신도 그 은혜를 경험한 사람이 아니던가?

언젠가 행복한 사람들의 축제에 와서 예수를 만난 한 철학 교수는 눈물을 방울방울 매단 채로 이렇게 고백했다.

"내 인생에 이토록 행복한 적은 없었습니다. 이제야 비로소 고단한 인생의 닻을 내립니다."

다시 묻는다. 누가 세상을 바꿀 수 있을까?
예수를 만나 행복해진 사람들이다. 진정한 변화는 오직 예수로만 가능하다.

행복한 사람이 행복한 세상을 만든다.

2021년 가을 어느 날 목양실에서
도 원 욱

차례

추천사   004
들어가며   014

1부   한국 교회와 공동체를 위한 꿈

01 행축 콘퍼런스: '행축'을 공개하다   024
02 행복한 사람이 행복한 세상을 만든다   030
03 안디옥교회를 꿈꾸며   042
04 교회는 목회자의 그릇만큼 성장한다   050
05 안일한 믿음을 경계하라   058

행복한 사람들의 행복한 이야기 1   **066**

2부   소망이 없던 한 청년의 꿈

01 우리는 아버지가 필요하다   072
02 닭장 교회 이야기   076
03 첫 부흥의 영광을 맛보다   082

행복한 사람들의 행복한 이야기 2   **088**

3부 타오르는 부흥의 꿈

01 39세, 경산중앙교회의 담임이 되다 **094**

02 첫 번째 건축: 허허벌판에서 시작된 부흥 **100**

03 기도가 살아있는 교회 **106**

04 두 번째 건축: 교회는 무릎 위에 세워진다 **112**

행복한 사람들의 행복한 이야기 3 **118**

4부 새로운 꿈, 한국 교회에의 도전

01 눈물로 무너져가는 교회를 세우다 **124**

02 먼저 예배만 잘 드리자 **130**

03 행복한 사람들이 만드는 행복한 세상 **134**

04 70명에서 1,000명으로 **140**

05 하나님의 눈물이 흐르는 땅, 몽골 **146**

06 한국교회가 주목하는 예배 **154**

행복한 사람들의 행복한 이야기 4 **162**

5부 시대적 소명, 하나님의 꿈

01 하고 싶은 일, 해야 할 일 … 168

02 하나님이 키우세요! 우리 아이 키우세요! 하키우키! … 176

행복한 사람들의 행복한 이야기 5 … 182

6부 행축 매뉴얼

01 진군식 … 189

02 물밑작업 … 196

03 태신자 작정 … 200

04 관계맺기 8단계 … 205

05 봄의 교향곡 … 208

06 전도와 영적 전쟁 & 릴레이 금식기도 … 212

07 문화 행축 … 215

08 행축을 위한 특별새벽기도회 … 218

09 전교인 길거리 전도	**221**
10 확정자 보고	**224**
11 행복한 사람들의 축제 - 방문 주일	**226**
12 웰컴 전화	**232**
13 등록주일	**234**
14 후속조치	**236**

7부 행축 적용사례

01 청라은혜교회	**241**
02 구미상림교회	**244**
03 원남교회	**247**
04 베들레헴교회	**250**
05 선진교회	**253**
06 수원동부교회	**257**

1부

THE DREAM OF KOREAN CHURCHES
AND COMMUNITIES

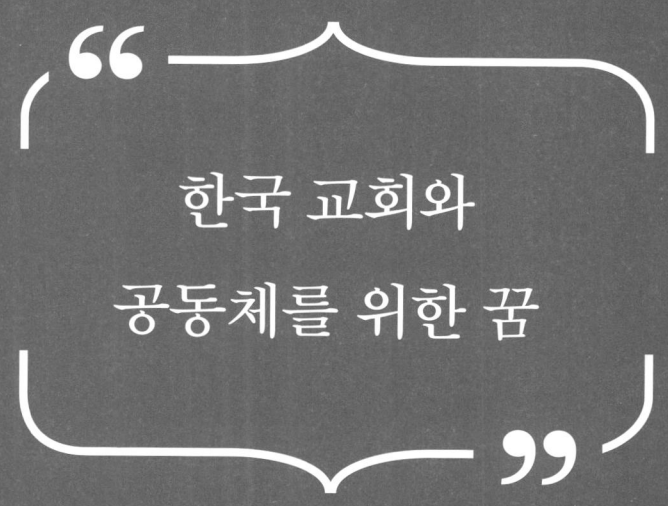

> 한국 교회와
> 공동체를 위한 꿈

01

"코로나의 위력이 여전하지만, 해야 할

일들을 하고 있는 교회들은 끄떡없습니다."

행축 콘퍼런스:
'행축'을 공개하다

　언제부터인가 한성교회를 찾는 이들이 많아졌다. 모둠을 이루어 나에게 설교와 목회 방법을 물어오기도 하고, 때로는 예배와 전도 현장에 참석하기도 했다. 그들은 절실하고도 간곡한 목소리로 한성교회의 노하우를 공유해달라고 나에게 부탁했다.

　그 노하우를 공유하는 자리가 바로 '행축 콘퍼런스'다. 사실 콘퍼런스를 열려는 생각은 그동안 나의 마음속에 담겨 있던 숙제이자 큰 부담이었다. 여러 이유로 차마 실행에까지 옮기지 못하고 있었는데 하나님께서 이제는 해야 한다는 감동을 주셨다. 계속되는 강한 채근 앞에 여전히 부족하지만 순종하기로 했다. 우리가 잘하고 완벽해서가 아니다. 전도가 교회를 살리는 일이라면, 우리의 경험이 누군가에게는 미약하게나마 유익이 될 수 있기 때문이다.

나에게는 지나온 시간 동안 전도하면서 얻은 유산이 있다. 한성교회에는 코로나19와의 한판 승부를 치르는 동안 하나님께서 허락하신 확신들이 있다. 우리는 어떤 제약과 어려움 속에서도 전도와 선교를 멈추지 않았다. 그것을 사심 없이 한국교회와 나누고 싶다.

내가 소개하고자 하는 플랫폼은 '행복한 사람들의 축제'다. 행복한 사람들의 축제는 단순히 일련의 교회 프로그램이나 전도법이 아니다. 교회다움이고 성도다움이다. 행복한 사람들의 축제는 교회를 교회답게, 성도를 성도답게 하는 '선교적 제자도'를 구현하는 것이다.

사도행전의 제자들을 보라. 그들은 어떤 상황 속에서도 해야 할 일을 했다. 복음을 전하며 교회다움을, 성도다움을 지켰다. 쉬운 길을 선택하지 않았다. 그들은 '선교적 제자도'의 본보기를 보여 주었다.

나는 팬데믹 상황을 지나오면서 한성교회 성도들이 사도행전의 제자들과 많이 닮아있음을 느꼈다. 비가 올 때도, 눈이 올 때도 그들은 늘 복음을 전했다. 그들은 사도행전을 관통하는 '선교적 제자도'를 계승한 예수님의 또 다른 제자들이었다.

지금도 우리는 여전히 비대면의 상황을 지나고 있다. 이제는 코로나19가 물러갈 때를 기다리면서 웅크리고 있었던 교회들도 현실을 자각해야 한다. 우리는 지금 'Post-코로나'를 대비할 때가 아니다. 우리가 해야 할 일들을 감당하면서 'With-코로나'를 살아내야 한다. 언젠가 나에게 인터뷰를 하러 온 기독신문 기자는 이렇게 말했다.

"코로나의 위력이 여전하지만, 해야 할 일들을 하고 있는 교회들은 끄떡없습니다."

> **미래의 가장 큰 위험은 핵무기가 아니라 교회가 이 세상에서 중생 없는 용서를 말하는 철학적 기독교가 되는 것이요, 그리스도 없는 기독교를 소개하는 것이요, 성령 없는 종교로, 하나님 없는 정치로, 지옥 없는 천국을 소개하는 것이다. ― 윌리엄 부스 William Booth**

구세군의 창설자인 윌리엄 부스는 '교회가 그 참모습을 잃어버리는 것'을 미래에 직면할 가장 큰 위기로 보았다. 오늘날 우리의 교회는 어떠한가? 세상의 도전과 코로나19의 광풍 앞에서 그 정체성이 무너지고 있다. 현대 교회의 가장 큰 위기는 다른 어떤 것이 아니라 정체성의 위기이다.

예수님께서 교회에 주신 가장 큰 사명은 땅끝까지 가서 제자 삼으라는 것이다. 그저 우리끼리 모여 예배하는 것으로 하나님이 받으셔야 할 영광을 다 받으셨다고 생각하면 안 된다. 교회는 전도하고 선교하는 것에 그 존재 의의가 있다. 전도와 선교는 교회의 부흥을 이루기 위한 수단이 아니라 교회의 존재 목적 그 자체이기 때문이다.

> **복음을 전파하여 제자 삼으라는 명령은, 결코 사도들에게 국한되지 않았다. 또 오늘날의 목사에게만 국한되는 것도 아니다. 전체적으로 전 교회에 부과된, 즉 개별적으로 전 그리스도인에게 부과된 명령이다.** _ 제임스 패커 James I. Packer

전도는 예수님의 명령이다. 해도 되고 안 해도 되는 선택사항이 아니다. 그 명령을 따르지 않는 것은 죄다. 명령에는 이유나 변명이 없다. 순종만 있을 뿐이다. 누가 명령하셨는지를 잊지 말아야 한다. 하나님께서 직접 하신 명령이기 때문에 우리가 순종하고자 할 때 반드시 도와주신다. 순종하면 성공이고, 불순종하면 실패다. 전도하면 반드시 열매가 맺히고, 안 하면 열매가 없다.

나는 지나온 목회의 시간 속에서 '행복한 사람들의 축제'를 통해 교회의 본질적 사명을 다하려고 애썼다. 그 어떤 상황에도 전도와 선교를 쉬지 않으려고 고민하고 또 기도했다. 교회의 본질적 사명 앞에 그저 흉내만 냈을 뿐인데 하나님이 주신 은혜는 너무나 컸다. 함께 했던 성도들은 선교적 삶을 통해 진짜 행복을 맛보았다. 전도는 교회를 교회답게, 성도를 성도답게 변화시켰다.

나를 찾아왔던 목회자들의 한숨이 귓가에 쟁쟁하다. 쉽지 않은 목회 현장에서 한계를 직면해야 했지만 공동체의 변화를 이루어갈 힘도, 여력도 없어서 소망을 잃은 그들의 아픔을 나는 느낄 수 있었다. 나는 그들의 웃는 얼굴을 보고 싶다. 변화를 갈망하는 그들의 길을 밝혀주고 싶다.

02

내가 오늘 네 행복을 위하여 네게 명하는 여호와의 명령과
규례를 지킬 것이 아니냐 신명기 10장 13절

행복한 사람이 행복한 세상을 만든다

행복이란 무엇일까? 행복은 기쁨과 만족을 통틀어 가리키는 단어로, 이 땅을 살아가는 사람들의 끝없는 관심사이자 최고의 목적이다. 철학과 종교, 나아가 인간의 모든 정신과 육체적 활동 역시 행복을 찾는 여정이라고 해도 과언이 아니다.

영국의 철학자 버트런드 러셀(Bertrand Russell)은 자신의 행복론에서 인간이 행복해지는 3가지 방법을 제시했다. 나름대로의 반성, 여행을 통해 얻는 행복, 집 정원사와의 대화가 그것들이다. 행복이 그렇게 어려운 것만은 아니라는 것을 말하고자 한 것이다.

이 세상의 행복은 어떠한가? 자신의 힘으로 안전지대를 만들고 그 안으로 들어가는 것이다. 예컨대 높은 연봉을 받고, 더 큰 집에 살고, 더 좋은 차를 타는 것이다. 이런 것들을 얻으면 정말로 행복할까? 잠시 미래에 대한 염려와 두려움을 덜어낼 수는 있겠지만, 인간의 끝없는 욕망은 결국 또 다른 결핍을 낳고 만다. 사람의 힘으로는 진정한 행복을 얻을 수 없다.

반면 성경은 진정한 행복을 얻는 방법을 가르치고 있다.

내가 오늘 네 행복을 위하여 네게 명하는 여호와의 명령과 규례를 지킬 것이 아니냐 신명기 10:13

우리가 지켜야 할 하나님의 명령과 규례는 무엇인가? 하나님께서 우리를 죄에서 건져 주시기 위해 보내신 예수 그리스도를 믿는 것이다. 행복의 열쇠는 예수 그리스도이시다.

예수님을 만나고 그분을 통해 진정한 행복을 경험한 사람은 반드시 그 삶이 바뀌게 된다. 가장 두드러지는 변화는 전도와 선교에 매진하는 삶을 사는 것이다. 그리스도를 만난 성경 속 수많은 사람처럼, 내가 경험한 행복이 너무 크고 벅차서 그것을 전하지 않고는 견딜 수 없게 되는 것이다.

나는 부교역자들과 끊임없는 밤샘 토론을 통해 전도의 캐치프레이즈(catchphrase)를 이렇게 정했다.

"행복한 사람이 행복한 세상을 만듭니다."

우리가 전도하는 이유와 가치 그리고 목적을 이처럼 한 마디로 온전히 담아낼 수는 없다고 생각했다. 예배를 통해 예수님을 만나고 행복해진 인생은 반드시 전도하고 선교하는 삶으로 이어진다. 이 단순한 과정을 통해 세상에는 행복한 사람으로 가득하게 되고, 행복한 사람들로 채워진 세상은 곧 행복한 세상으로 변화되어 가는 것이다.

나는 경산중앙교회 담임에 이르기까지 내 나름의 방식으로 전도와 선교를 하고 있었다. 그러던 중 경산중앙교회 금요성령집회를 배우러 오신 한 분을 만났다. 그는 부산영락교회를 섬기는 행정 목사였다. 그와 함께 교제를 나누다 보니 오히려 내가 배울 점이 더 많았다.

그래서 그를 따라 부산으로 내려갔다. 주일예배도 드리고 전도 방법도 배웠다. 부산영락교회는 도시 공동화로 전도하기 힘든 지역에 놓여있었다. 게다가 극도의 분쟁을 겪으면서 결국 교단마저 옮긴 상태였다. 그런데도 생명의 역사가 활발하게 일어나고 있었다. 특별히 해마다 천 명이 넘는 새가족들이 방문한다는 말을 전해 듣고 충격을 받았다. 크게 도전을 받은 나는 부산영락교회의 전도 시스템을 상당수 그대로 받아들였다. '행복한 사람들의 축제'는 이로부터 시작되었다 해도 과언이 아니다.

부산영락교회의 전도 시스템을 적용해가면서 부족한 부분들, 예를 들어 태신자 작정, 단계별 진군식 일정, 5월의 전도 집회 준비 등은 보완하도록 했다. 그렇게 경산중앙교회만의 독특한 '행축

시스템'을 조금씩 완성해갔다.

　전도의 동력을 모으기 위해 '전도의 진행 상황을 나누며 공감대를 형성하기 위한 봄의 교향곡, 태신자와 단계별 관계 맺기 미션, 초청과 등록 주일 미션 등, 물 샐 틈 없는 전략들을 추가했다. 그리고 3월 진군식을 필두로, 5월 마지막 주일의 초청일을 거쳐 6월 등록 주일에 이르기까지, '행복한 사람들의 축제'의 뼈대가 완성되었다.

　기존의 전도 행사들은 대부분 초청 당일 하루만의 일회성 행사로 끝나는 경우가 많았다. 그러나 '행복한 사람들의 축제'는 다르다. '행복한 사람들의 축제'의 장점은 전반기 3-4개월의 시간 동안 온 공동체가 목표를 향해 열정을 가지고 전도에 집중할 수 있는 분위기를 만들어준다는 것이다. 시기마다 단계적으로 온 공동체가 함께 움직여야 하는 과제를 주는 동시에 교구와 부서별로 하나의 목표를 향해 선의의 마라톤을 뛸 수 있는 장치들을 제공한다.

　먼저 태신자를 품고 진군식, 봄의 교향곡, 각종 기도회 등으로 강도를 더해간다. 믿음이 연약해서 직접 전도하지는 못하는 성도들도 다양한 방법으로 함께하며 자리를 지킨다. 마침내 태신자들이 교우가 되어 앉아있는 모습을 보고 함께 기쁨을 만끽한다. 성도들이 중간에 포기하지 않도록 그들을 독려해서 끝까지 참여하게 하므로 교회 전체가 침체되는 현상도 나타나지 않는다.

　굳이 5월 마지막 주일을 '행복한 사람들의 축제'의 방문 주일

진군식

로 고집하는 이유가 있다. 성도들이 새해를 맞이하면 굳게 결심하지만 3월이 되면 열기가 식어지고, 4월 행락철이 되면 마음이 풀어져서 주님께 대한 열정이 바닥나기 때문이다.

하지만 전도는 교회의 존재 목적이자 부인할 수 없는 사명이기에, 3-4개월의 시간을 거치는 동안 성도들에게 전도에 동참하도록 지속적으로 강조해도 전혀 지나치지 않다. 성도들은 행축의 일정을 따라가며 더욱 신앙의 본질에 가까워질 수 있고, 한 영혼을 태신자로 품고 뜨겁게 기도하면서 잃어버린 영혼을 향한 하나님의 마음을 알게 된다. 이처럼 오랜 시간을 거쳐 체계화된, '행복한 사람들의 축제'는 내 목회의 핵심이 되었다.

'행복한 사람들의 축제'는 모든 그리스도인이 세상에서 하나님을 드러내는 선교적 삶을 살아가도록 돕게 한다. 행축은 단지 전도 프로그램이 아니라 프로세스다. 즉 예수를 믿고 전도자로 살아가도록 훈련시키는 플랫폼인 것이다.

예수를 만났다면, 예수를 전하며 사는 것이 당연하다. 진정한 예수님의 제자라면 복음의 증인이 되어야 한다. 목회도 마찬가지이다. 복음에 헌신하는 목회를 한다면 반드시 전도 중심적인 목회의 결단이 있어야 한다. 그런데 왜 우리는 전도 중심적인 목회에 매진하지 못할까?

첫째, 복음에 대한 확신이 부족하기 때문이다

다시 말해 예수님을 믿고 구원을 받았지만 여전히 복음의 능력을 경험하지 못했기 때문이다. 예수님을 인격적으로 만난 사람은 이 세상의 어느 것과도 견줄 수 없는 행복을 맛보며 살아간다. 그 행복이 변화를 일으킨다. 흡연이나 음주와 같은 세상적인 습관들은 단호히 끊고 새로운 삶을 살아가게 된다. 예수님과의 만남이 주는 행복이 이전에 의존하던 것들과는 비교할 수 없이 더 크기 때문이다.

나는 지금까지 행축을 통해 복음을 전하는 사역을 하면서 수

많은 변화과 간증들을 목격했다. 한성교회를 통해서 복음을 듣고 변화된 사람들이 이미 수천 명에 이른다. 또 처음 사역을 시작하던 시절부터 내가 전한 복음을 통해 뜨겁게 변화된 청년들이 있었다. 그들은 곳곳에서 건강한 신앙인으로 살아가고 있고, 그 중 상당수는 목회자가 되었다.

나 역시 예외는 아니다. 나는 예수님을 영접한 이후로 스스로 행복해진 것을 확신할 수 있었다. 길을 가다가도, 운전을 하다가도 문득 내가 이렇게 행복해도 되나 싶었다. 그래서 친구들에게 복음 편지를 보냈다. 내 안에 있는 행복이 너무 커서 그것을 그냥 둘 수 없었다. 내 안에 있는 행복을 전하지 않고는 견딜 수 없었던 것이다.

예수님을 만나 삶이 180도 바뀐, 한 사람을 소개하고자 한다. 그는 경산중앙교회와 한성교회에서 부목사로 섬기다가 지금은 산서울교회의 담임으로 사역하고 있는 장동휘 목사다. 내가 그를 처음 만났을 때, 그는 고등학교를 자퇴하고 떠돌아다니던 사고뭉치였다. 하지만 복음은 소망 없던 그를 변화시켰다. 예수님의 은혜와 사랑이 그의 삶을 바꾸어 버린 것이다. 청년부의 리더가 되었고, 복음을 위해 자신을 아낌없이 던졌다.

내가 한성교회로 부임한 직후, 경산중앙교회 담임이 공석이던 시기가 있었다. 그는 나와 함께 서울로 올라올 수도 있었지만, 새로운 담임목사가 부임할 때까지 묵묵히, 온몸으로 교회를 지켰다. 그렇다고 어떠한 보상이 그에게 주어진 것도 아니었다. 복음으로 변화되어 하나님 나라를 위해 자신을 던지는 사람만이 보일 수 있는 헌신이었다.

베드로는 성전에 미문에 앉아 자신에게 구걸하던, 나면서부터 앉은뱅이였던 걸인에게 선포했다.

> 은과 금은 내게 없거니와 내게 있는 이것으로 네게 주노니 나사렛 예수 그리스도의 이름으로 일어나 걸으라 **사도행전 3:6**

베드로의 모습에서는 일말의 고민도 찾을 수 없다. 그가 담대히 예수의 이름을 앞세워 선포할 수 있었던 것은, 자신을 변화시킨 예수님이 다른 사람도 변화시킬 수 있다는 확신이 있었기 때문이다.

자신이 담임하는 교회를 전도 중심적인 공동체로 성장시켜가고자 한다면, 목회자에게 복음에 대한 확신, 다시 말해 오직 복음만이 사람을 변화시킬 수 있다는 절대적인 확신이 있어야 한다. 그러면 불신자를 만날 때도 그러면 불신자를 만날 때도, 성도들을 심방할 때도, 강단에서 설교할 때도 생명력이 흘러넘친다. 이 확신이 견고하면 이 세상의 어떤 어려움도 뛰어넘을 수 있다.

둘째, 전도하는 방법을 잘 알지 못하기 때문이다

호기 있게 길거리에 나가 피켓을 들고 전도하는 것도 의미가 없지는 않다. 하지만 교회를 전도 중심적인 공동체로 이끌어가려면 어떻게 사람을 모을 것인가, 어떻게 사람을 남게 할 것인가에 대한 고민과 전략이 필요하다.

이에 대한 고민을 해결한 것이 바로 행축이다. 행축은 관계 중심 전도를 지향한다. 그렇다고 각자 스스로 알아서 하는 것이 아니다. 교회에서 정한 절차와 순서에 따라 통일성 있게 진행한다. 온 공동체가 전체 일정에 맞추어 함께 달려가는 것이다. 3월에는 진군식에 참여하고 주변의 관계를 살피면서 태신자를 작정한다. 4월에는 '전도와 영적 전쟁' 집회에 참여하여 기도로 무장한다. 전도를 위한 공동체적 유대를 강화하기 위해 교구별로 진행되는 '봄의 교향곡'에도 참석한다.

그 다음의 모든 과정은 '행복 매뉴얼'을 따르면 된다. '행복 매뉴얼'은 태신자들과 관계를 맺기 위한 단계별 미션을 제공한다. 성도들은 그 매뉴얼에 제시된 방법을 바탕으로 태신자들과 안부 연락을 주고받고, 식탁 교제를 나누고, 문화 공연을 함께 관람하거나, 선물을 전달하며 초청주일 약속을 잡게 된다.

하나 더 강조하고 싶은 것이 있다면, 바로 목회자의 설교다. 행축의 성패는 무엇보다 목회자의 설교에 달려있다. 성도들을 설득해서 행축 플랫폼에 올라타게 하지 못하면 행축에 성공할 수 없다. 이를 위해 강력한 리더십과 메시지 전달 기술이 필요하다.

생각해보면 목사만큼 짧은 기간의 간격을 두고 많은 청중과 만나며 소통하는 사람은 없는 것 같다. 세계적인 대세 아이돌 BTS도 이렇게는 하지 못한다. 가수들은 활동 시기에만 공연을 하고 이후에 신곡이 나올 때까지 휴식 기간을 길게 갖기 때문이다. 반면 설교는 정기적으로 청중과 만나며 그들을 변화시킬 수 있는, 아주 소중한 통로가 된다. 그런 의미에서 설교는 목회자의 인생을 걸만한 가치가 있는 일이다.

설교의 능력은 무한하다. 한 편의 설교로 한 사람의 인생이 변화된다. 설교가 복음의 능력을 드러내기 때문이다. 복음에 능력이 있다는 것을 확신하는 목회자의 설교는 성도들로 하여금 복음에 헌신하게 만든다.

> 내가 복음을 부끄러워하지 아니하노니 이 복음은 모든 믿는 자에게 구원을 주시는 하나님의 능력이 됨이라 먼저는 유대인에게요 그리고 헬라인에게로다 **로마서 1:16**

예배의 은혜는 전도와 선교의 현장으로 반드시 이어진다. 성도들을 전도의 사역으로 이끄는 설교를 할 수 있도록 목회자들이 더욱 설교에 투신해야 한다.

03

사람을 준비하고 살아있는 예배 가운데
전도와 선교로 부르시는 그 부르심 앞에서
기도의 무릎으로 순종하는 바로 그 교회를 통해
하나님은 오늘도 놀라운 일들을 행하실 것이다.

안디옥교회를 꿈꾸며

'목회 철학'이란 무엇인가? 목회 철학은 목회자가 하나님의 교회를 바라보는 세계관이다. 故 옥한흠 목사님은 그분의 저서 『평신도를 깨운다』에서 목회 철학에 대해 '교회를 움직이는 추진력'이라고 정의하기도 했다. 이는 곧 담임목사의 목회 철학이 그가 섬기는 교회의 비전과 같다는 말이다.

나는 신학교 시절, 부교역자를 거쳐 담임이 되면 목회 철학은 저절로 만들어지는 줄 알았다. 그런데 그게 아니었다. 내가 틀렸다. 목회 철학은 성경을 끌어안고 부딪혀가며 오랜 고민과 절절함 끝에 비로소 만들어지는 것이었다.

나는 오랜 시간 동안 어떤 교회가 건강한 교회일까, 내가 꿈꾸는 교회는 어떤 교회여야 할까를 고민하며 기도했다. 그리고 그 끝에 안디옥교회를 만났다.

안디옥교회는 이방인들 가운데 세워진 교회였다. 그리스도인이라는 별명이 이곳에서 나왔는데, 안디옥교회 성도들은 세계 선교를 명령하시는 성령의 감동에 순종했고, 기근을 만난 예루살렘 교회를 구제하는 선교적 공동체를 이루었다.

안디옥교회는 성경적 교회의 모델이라고 할 수 있다. 교회가 갖추어야 할 요소들을 아주 균형 있게 잘 보여주기 때문이다. 안디옥교회는 교회가 무엇을 하는 곳인지, 어떤 일에 집중하며 달려가야 하는지, 지금도 우리에게 외치고 있다.

사람을 훈련시키는 교회

안디옥교회는 사람을 훈련시키는 교회였다.

안디옥 교회에 선지자들과 교사들이 있으니 곧 바나바와 니게르라 하는 시므온과 구레네 사람 루기오와 분봉 왕 헤롯의 젖동생 마나엔과 및 사울이라 **사도행전 13:1**

안디옥교회는 다양한 계층의 사람들로 구성되어 있었다. 출신 성분도, 인종적인 배경도 달랐다. 권면의 은사로 소문난 바나바, 피부색이 검은 시므온, 아프리카 사람 루기오, 왕족인 헤롯왕의 젖동생인 마나엔, 학문과 신앙을 겸비한 사도 바울이 그랬다.

하지만 모두가 하나가 되어, 아름다운 조화를 이루는 교회였다. 예수님의 오심은 사람과 사람 사이에 존재하는 인종적, 문화적 장벽을 깨트리기 위함이 아니었던가? 안디옥교회는 복음의 능력과 본질을 여실히 보여주는, 지극히 당연한 교회의 모습을 갖추고 있었다.

그들은 안디옥교회의 선지자들과 교사들이었다. 아마도 안디옥교회 성도들은 이들을 통해, 계속 배우고 훈련받았을 것이다. 안디옥교회에는 사람을 양육하는 영적 리더십이 있었던 것이다.

허드슨 테일러는 이렇게 말했다.

"아무리 훌륭한 신앙인이라도 훈련을 받지 않으면 거의 쓸모가 없다."

누군가 그에게 "당신의 사역이 기적 같은 이유가 무엇입니까?"라고 물었을 때에도, 그는 이런 대답을 남겼다.

"하나님의 방법은 사람입니다."

이처럼 하나님의 사역에서 사람은 중요하다. 교회는 성도들을 훈련시켜 하나님의 사역을 감당할 일꾼으로 길러내야 한다. 교인이 아니라, 제자가 그리스도인이다.

예배가 살아있는 교회

안디옥교회를 만든 것은 예배였다.

주를 섬겨 금식할 때에 성령이 이르시되 내가 불러 시키는 일을 위하여 바나바와 사울을 따로 세우라 하시니 사도행전 13:2

'주를 섬긴다'로 번역된 헬라어 동사(레이투르군톤)는 봉사나 섬김의 의미도 있지만, 이 구절에서의 용례는 '예배'를 뜻한다. 표준새번역은 "그들이 주께 예배를 드리며 금식하고 있을 때"라고 번역하였다. 그리고 예배 의식을 가리키는 라틴어 'Liturgy'라는 단어가 이 헬라어 단어에서 파생되었다. NIV 영어 성경을 보면 더 명확하다. 우리 말 성경에 "주를 섬겨"라고 번역된 부분은 "They were worshiping the Lord"라고 되고 있다.

안디옥교회는 생기 없는 예배를 드리는 공동체가 아니었다. 안디옥교회의 성도들은 신령과 진정으로 예배를 드렸고 예배 가운데 부어질 은혜를 기대하며 금식했다. 그리고 그런 안디옥교회의 예배에 하나님의 영이 임재하셨다. 성령의 기름 부으심이 넘치는, 살아있는 예배였다. 하나님은 성령을 통해 안디옥교회에게 말씀하셨고, 안디옥교회는 하나님의 특별한 일들을 감당할 새 힘을 공급받았다.

여호와의 눈은 온 땅을 두루 감찰하사 전심으로 자기에게 향하는 자들을 위하여 능력을 베우시나니⋯ **역대하 16:9a**

예배가 살아나기 시작하면 놀라운 일들이 일어난다. 늘 듣던 말씀이 확신으로 다가온다. 세상에서 지친 영육이 새 힘을 얻는다. 하나님의 교회가 세움을 입어, 날마다 구원받는 자의 수가 더하게 된다.

만남이 없는 예배는 한낱 연극 무대에 불과할 뿐이다. ― 스테판 차녹 Stephen Charnock

예배는 정말 중요하다. 예배에 실패하면, 모든 것에 실패하기 때문이다. 가인의 예가 대표적이다. 예배에 실패한 가인은 하나님의 사람으로 사는 것에도 실패했다. 우리는 그의 실패를 거울삼아 살아있는 예배를 드리는 교회가 되어야 한다. 예배가 살아나야 하나님의 일들을 감당하는 교회가 된다.

간절히 기도하는 교회

안디옥교회는 기도하는 교회였다.

> 이에 금식하며 기도하고 두 사람에게 안수하여 보내니라 **사도행전 13:3**

안디옥교회는 예배를 통해 깨달은 은혜에 순종하고 또 실천하기 위해 다시 금식하며 기도했다. 그리고는 마침내 바나바와 바울을 세워 안수하여 선교사로 파송했다. 교회의 핵심 일꾼들을, 그것도 두 사람이나 선교를 위해 보내기로 한 것은 결코 쉬운 결정이 아니었을 것이다. 안디옥교회는 이제 막 시작한 개척교회가 아닌가?

그들은 이렇게 순종하기까지 금식하며 기도했다. 그리고 나서야 사랑하는 지도자 두 사람을 세계 선교를 위해 내놓을 수 있었다. 이것이 바울과 바나바를 주축으로 하는 제1차 선교여행의 효시였다.

이렇듯 안디옥교회는 '금식'과 '기도'를 교회 운영의 중요한 방식으로 삼았다. 하나님의 말씀에 순종할 수 있는 힘은 오직 기도를 통해서만 얻을 수 있기 때문이었다. 우리가 쉽게 변하지 않는 이유는 말씀이 부족해서가 아니다. 기도가 부족하기 때문이다. 교회의 힘은 기도에서 나온다. 교회도, 개인도 기도해야 하나님의 일을 할 수 있다. 기도하는 교회가 곧 살아있는 교회요, 건강한 교회이다.

나는 이렇게 3가지의 모습으로 안디옥교회를 배웠다. 명작이 어쩌다가 그냥 만들어지지 않듯이 안디옥교회도 그러했다. 오늘날

교회의 위기가 무엇인가? 정작 교회에 속한 성도들이 교회가 어떤 곳인지, 무엇을 해야 하는 곳인지 잘 모른다는 것이다. 교회의 영광, 그 무엇과도 대체 불가한 예수 십자가의 능력, 바로 복음의 영광을 말이다.

사도행전의 때나 지금이나 교회는 위험과 핍박에 직면해 있다. 그 종류와 성격은 다를지라도 성도들과 공동체는 환난과 시험을 피할 수 없다. 나는 안디옥교회가 그랬던 것처럼 뜨거운 기도만이 그 모든 어려움을 돌파할 수 있는 유일한 길이라고 믿는다. 안디옥교회처럼 예배 때마다, 하나님의 말씀을 들을 때마다, 우리 안에 전도와 선교의 초청이 일어나야 한다고 생각한다. 그렇게 당면해 있는 환난과 박해를 뜨거운 기도로 이겨내고, 복음을 전하는 교회가 바로 안디옥교회와 같은 사도행전적 교회인 것이다.

나는 오늘도 안디옥교회를 꿈꾼다. 이러한 교회는 세상이 감당할 수 없다. 안디옥교회가 그랬듯이, 사람을 준비하고 살아있는 예배 가운데 전도와 선교로 부르시는 그 부르심 앞에서 기도의 무릎으로 순종하는 바로 그 교회를 통해 하나님은 오늘도 놀라운 일들을 행하실 것이다.

04

"교회가 더 성장하려면 담임목사인 제가
그릇을 키워야 합니다. 혹 저의 그릇을 더 키울
수 없는 날이 온다면 교회를 떠날 것입니다."

교회는 목회자의
그릇만큼 성장한다

우리는 많은 경우에 큰 것을 선호한다. 큰 차, 큰 집, 대교, 대예배. 목회자들도 크게 다르지 않다. 큰 교회에서 큰 목회를 하고 싶어 한다.

하나님은 우리를 사랑하셔서 우리를 위해 당신의 독생자까지도 아끼지 않으셨다. 하물며 그런 하나님이 왜 우리에게 큰 축복을 주시지 않겠는가? 그러나 각자에게 주어지는 분량은 정해져 있다. 종지든 드럼통이든, 각자가 가진 그릇의 분량만큼 부어주신다.

교회의 크기도 그렇다. 아무리 큰 교회의 목회자로 보냄을 받았더라도 자기 용량이 부족하면 반드시 다시 조정을 받게 된다. 반대의 경우도 결과는 같다. 자기 용량보다 작은 사역지라면 그것

역시 조정된다. 더 담을 수 있는 용량만큼 하나님이 부어주시는 것으로 채워지게 될 것이다.

그러므로 먼저 목회의 크기를 욕심내지 말아야 한다는 것이 내 소신이다. 오히려 나의 용량을 점검하는 것이 더 우선이다. 나는 얼마나 큰 그릇인가? 얼마나 순수한 믿음인가? 그러나 그릇의 용량을 키우는 일은 생각만큼 쉽지 않다. 꾸준히 성경을 연구하고 기도하고 독서하고, 마음의 거친 풀들을 뽑아내고 돌을 골라내어야 한다.

그릇을 준비하라

교회는 목회자의 그릇만큼 성장한다. 내가 섬기는 교회가 성장하기를 진심으로 원한다면 그에 합당한 그릇이 되도록 준비해야 한다. 부흥은 하나님의 일이다. 하나님의 일은 하나님께서 행하신다. 그러나 그 부흥을 담을 그릇은 우리 각자가 준비해야 한다.

이르되 너는 밖에 나가서 모든 이웃에게 그릇을 빌리라 빈 그릇을 빌리되 조금 빌리지 말고 **열왕기하 4:3**

하나님께서는 "조금 빌리지 말라"고 하셨다. 준비한 만큼 하나님이 행하시는 기적을 담을 수 있다. 그래서 착실한 준비가 필요하다. 그 과정은 지루할지 몰라도 절대 소홀히 해서는 안 된다. 준비하는 시간은 결코 낭비하는 시간이 아니기 때문이다.

> … 여인이 아들에게 이르되 또 그릇을 내게로 가져오라 하니 아들이 이르되 다른 그릇이 없나이다 하니 기름이 곧 그쳤더라 **열왕기하 4:6b**

빌려온 빈 그릇들이 남김없이 가득 채워지자, 기름 공급이 멈추었다는 사실에 우리는 주목해야 한다. 그릇을 얼마나 빌려오느냐는 그 여인이 가진 믿음의 분량의 문제였다. 하나님의 능력이 모자라는 것이 아니다. 다만 우리가 가진 믿음의 그릇이 작고 모자라는 것이 문제이다. 그러므로 우리는 믿음의 그릇을 크게, 많이 준비하는 일을 포기하지 말아야 한다. 준비된 그릇의 크기와 분량만큼 축복으로 채워지는 것을 보게 될 것이다.

대가를 지불하라

믿음의 그릇을 키우는 것은 고난을 통해 대가를 지불하는 일에서 시작된다. 불가능이 없으신 하나님의 관심은 우리가 축복을 받을 자로 준비되었는가에 있다.

이스라엘의 제2대 왕이었던 다윗은 고난의 대가를 지불한 사람이다. 왕이 되기까지도 그랬고, 심지어 왕이 된 후에도 여러 가지 고난을 겪어야 했다. 사울 왕의 추격, 블레셋과의 싸움, 압살롬의 반역 등 헤아리기 어려운 시련과 고통이 그의 앞을 가로막았다.

> 여호와여 나의 기도를 들으시며 나의 부르짖음에 귀를 기울이소서 **시편 39:12**

다윗은 자신의 한계와 연약함을 알고 있었고, 모든 것이 하나님의 손에 달려있다는 것도 알고 있었다. 그래서 그는 고난이 찾아올 때마다 하나님 앞에 엎드렸다. 기도하며 인내하는 과정은 힘들었지만, 그 고난의 대가를 지불하고 난 뒤에 그는 하나님의 축복을 누릴 합당한 그릇으로 빚어져 있었다.

이 세상에서 성공한 사람들도 모두 그 대가를 지불한 사람들이다. 대표적인 사람이 바로 독일이 자랑하는 문학가 괴테다. 그는 법학자요, 정치가요, 사상가요, 소설가요, 시인이요, 물리학자로서 다방면에 매우 뛰어난 사람이었다. 하지만 그의 대표작 『파우스트』는 그의 타고난 재능보다는 순전한 인내의 결과였다. 그가 23세에서 82세까지 무려 60년간 써서 완성한 작품이었기 때문이다.

숱한 세월을 견디며 대가를 지불한 끝에 그는 대작을 완성할 수 있었다.

세계의 지붕이라고 불리우는 에베레스트산은 1952년까지 그 누구도 정상을 정복하지 못했다. 세계의 내로라하는 수많은 탐험가와 등산가들이 시도했지만 번번히 실패할 뿐이었다. 뉴질랜드의 탐험가 에드먼드 힐러리도 1952년 에베레스트 정복을 시도했지만 실패를 겪었다. 이후 그는 영국의 한 단체로부터 연설을 부탁받았다. 많은 청중들은 우레와 같은 박수로 그를 맞이했다. 비록 실패했지만 그의 용감한 도전 정신에 박수를 보냈던 것이다. 단상에 올라간 힐러리는 청중들에게 이렇게 말했다.

"지난 도전에서는 실패했습니다. 하지만 다음에는 성공할 수 있습니다. 왜냐하면 에베레스트는 더이상 성장하지 않지만 나의 꿈은 계속 자라고 있기 때문입니다."

결국 이듬해인 1953년, 에드먼드 힐러리는 세계 최초로 에베레스트 정복에 성공했다. 실패의 대가를 지불하고서 그는 결국 목표를 이룰 수 있었던 것이다.

나는 언젠가 경산중앙교회 구역장 모임에서 이렇게 말했다.

"교회가 더 성장하려면 담임목사인 제가 그릇을 키워야 합니다. 혹 저의 그릇을 더 키울 수 없는 날이 온다면 교회를 떠날 것입니다."

솔개가 부리를 깨는 고통을 치르고 거듭나듯이, 목회자에게도 몸부림이 필요하다. 지도자의 몫은 생각보다 크다. 그가 보는 것, 느끼는 것, 깨닫는 것 이상 공동체는 나아가지 못한다. 따라서 목회자는 날마다 자신이 성장하고 있는지를 체크해야 한다. 하나님은 준비된 자에게 은혜의 단비를 내려주신다. 그 은혜를 가득 담을 만한 큰 그릇으로 준비되어야 한다.

05

정상에 올랐던 리더십을 보라. 한결같이 거룩한
불만의 소유자들이다. 그들에게는 언제나 더 높은
기대가 있었다. 당신이 지도자라면 거룩한 불만이
필요하다. 그래야 변화를 시작할 수 있다.

안일한 믿음을 경계하라

　삼성그룹의 故 이건희 회장을 바라보는 시각은 각기 다를 수 있다. 인생 후반에 자주 매스컴에 오르내린 오점은 가슴 아프지만, 오늘날 삼성을 세계적인 기업으로 발돋움하게 한 그의 역할을 누구도 부인할 수는 없다.

　무엇보다 위기의식을 부추기는 리더로서의 그의 모습은 나에게 큰 도전을 주었다. 일본 전자제품의 기술에 밀려 힘을 쓰지 못하던 시절, 그는 회사의 중역들을 불러놓고 자사의 전자제품을 손수 뜯어가며 왜 우리 회사의 제품이 일본 제품보다 품질이 떨어지는 것이냐고 호통을 쳤다고 한다. 이후 많은 것을 이루어낸 후에도 그는 성과에 만족감을 드러내지 않았다. 그의 표정만 보면 삼성은 언제나 위기처럼 보였다. 이전보다 조금 나아졌지만 조금도 긴장을 놓지 않았던 것이다. 이러한 그의 리더십은 '마누라와 자식만 빼고 다 바꾸라!'는 유명한 프랑크푸르트 신경영 선언으로 이어졌고, 삼성은 거듭해서 놀라운 혁신을 이루어내었다.

故 이건희 회장의 리더십이 보여주듯, 꾸준한 변화를 만들어가는 동력은 갈망에서 나온다. 갈망은 부정적인 생각에서 시작되는 시답잖은 불평이나 불만과는 다르다. 그러한 태도는 자신도, 자신이 속한 집단도 망가뜨리기만 할 뿐이다. 우리는 거룩한 불만(Holy Discontent)을 가져야 한다. 안주하면 끝이라는 생각을 가져야 한다. 가슴을 뛰게 하는 비전이 사라졌다면 그것은 죽은 것과 같다.

정상에 올랐던 리더십을 보라. 그들은 한결같이 거룩한 불만의 소유자들이다. 그들에게는 언제나 더 높은 기대가 있는 것이다. 당신이 지도자라면 거룩한 불만이 필요하다. 그래야 변화를 시작할 수 있다. 지금 충분히 좋다고 생각하는 그것이 더 좋은 것을 가로막는 장애물이라는 생각을 가져야 한다. 이것으로 충분하다는 생각은 앞으로 나아가려는 시도조차 막아버리기 때문이다.

지도자가 바뀌면 교회를 변화시킬 수 있다. 교회가 바뀌면 주변 지역이 변화된다. 지역이 바뀌면 한 도시가, 도시가 바뀌면 한 나라가 변화된다. 이 모든 변화의 시작이 결국 지도자 한 사람의 마음에서 시작되는 것이다. 모든 변화는 한 사람의 변화에서 시작된다.

　마틴 루터 킹 목사는 1950-60년대 미국에서 비일비재했던 인종 차별을 바라보며 가슴이 찢어지는 듯 아파했다. 그러던 어느 날 그는 흑인이라는 이유만으로 버스에서 백인에게 자리를 양보하도록 강요당하는 현실을 견딜 수 없었다. 만약 그가 현실을 수용하고 거룩한 불만을 가지지 않았다면 미국의 흑인 인권 운동은 요원했을 것이다.

　테레사 수녀는 인도의 가난하고 병든 사람들이 희망 없이 살아가는 것과 인간의 존엄성을 상실한 채 죽어가는 것을 보고 더는 참을 수 없었다. 그녀는 자신의 조국도 아닌 인도에서, 거리에 버려진 이들을 섬기는 일에 자신의 삶을 던졌다. 그런 그녀의 헌신을 본 인도 힌두교도들은 마음을 열었고 복음을 받아들이게 되었다. 만일 그녀가 인도의 현실 앞에 거룩한 불만을 가지지 않았더라면 어떻게 되었을까? 그녀가 돌본 수많은 사람들은 하나님을 만나지 못한 채 고통 속에 죽어갔을 것이다.

　세계적인 복음 설교가 빌리 그레이엄 목사는 수많은 사람들이 하나님의 사랑을 알지 못한 채로 살아가는 것을 가만히 보고 있을 수 없었다. 만약 구원이 필요한 영혼들에게 복음이 전해지지 않고 있는 현실에 대해 그가 거룩한 불만을 가지지 않았다면, 세계 부흥 운동은 시작되지 못했을 것이다.

　나 또한 생명체요 유기체인 하나님의 교회가 성장하지 못하고 전전긍긍하는 모습들을 보며 비통함을 느껴왔다. 나는 지금도 여전히 거룩한 불만으로 가득하다. 이 정도로는 충분하지 않다. 교회는 여전히 위기 가운데 있다. 누군가는 이런 나를 깐깐하고 유별나다고 손가락질할지도 모르겠지만, 오늘의 한성교회를 있게 한 것은 이 거룩한 불만의 결과다.

꿈꾸는 만큼 갈 수 있다

목표와 기준을 높게 잡아야 한다. 이미 정해둔 목표가 달성되었다고 거기에 안주해서는 안 된다. 설교든, 공부든, 운동이든 무언가를 잘하는 사람들에게는 자기만의 높은 기준이 있다. 자신이 세워놓은 기준과 목표가 낮은 사람들은 쉽게 만족하고 멈춘다. 반면 그렇지 않은 사람들은 스스로 만족할 때까지 도전하고 시도한다. 결국 더 나은 결과를 얻는 것이 당연한 것이다.

철저히 애쓰고 노력하라

기준을 높게 잡았다고 해서 뭐든지 다 잘 되는 것은 아니다. 노력하고 애를 쓰는 만큼 현실이 꼭 비례하는 것도 아니다. 다이

어트를 하겠다고 여러 노력과 시도를 하지만 쉽게 되지 않는 것과 같다. 그러나 변화를 향한 갈망이 있다면 애쓰고 노력하는 모습으로 반드시 나타나야 한다. 변화를 경험할 수 있다면 무엇이든 해 보겠다는 남다른 각오가 필요하다.

발전을 위해 준비하라

거룩한 불만은 현재의 모습을 끊임없이 계발하는 것으로 이어져야 한다. 어떤 방법으로든 나 자신의 용량을 늘리고 발전시켜야 하는 것이다. 책도 읽어야 하고, 연구도 해야 하고, 다른 무언가로부터 벤치마킹해야 한다. 누구에게서도 배우기를 주저하지 말아야 한다. 최고의 목회자들이 모이면 그들의 대화에서 공통점을 발견할 수 있다. 자신의 부족함이 무엇인지 말해달라는 열린 태도와 자신이 가지지 못한 것을 다른 사람에게서 배우려고 하는 모습이다.

사역은 언제나 쉽지 않다. 오르막길투성이다. 예수님께서 열두 제자를 파송하시면서 하셨던 말씀과 같이, 목회는 "양을 이리 가운데 보냄"(마 10:16)과 같다. 험난한 길임을 각오하고 대비하라는 뜻이다. 따라서 목회의 길에는 언제나 치밀한 고민과 간절한 기도가 필요하다.

　많은 경우에 그냥 지금의 현상을 유지하거나, 이전에 해왔던 것들을 답습하는 것이 더 편하다고 느껴질지 모른다. 목회자라면, 스스로 이런 현실 안주에 제동을 걸어야 한다. 언젠가 우리 모두가 하나님 앞에 서게 될 것이라는 엄중한 생각을 놓치지 않는다면, 오늘의 거룩한 불만은 내 삶을 하나님 나라로 향하도록 바꾸는 에너지가 될 것이다.

행복한 사람들의 행복한 이야기 1

우리 가정을 살리신 하나님

저는 10년 이상 외국을 오가며 판금 기계설비와 반도체 폐기물을 사입하는 일을 했습니다. 바이어가 원하는 스펙에 맞춰 세계 각지에 흩어져 있는 일본 중고기계를 찾아다니는 일을 천직으로 믿으며 온 힘을 쏟아 돈과 성취욕의 노예로 살았습니다. 마음먹으면 안 되는 일이 없었고, 지는 걸 죽기보다 싫어했기에 언제나 공격적으로 살았습니다.

1년의 절반은 외국을 돌아다니며 살았기 때문에 한국에 돌아오면 마치 보상이라도 받으려는 듯 좋아하는 것을 했습니다. 그러다 도박에 중독되기 시작했습니다. 사업을 시작하던 삼십 대부터는 본격적으로 노름판을 찾아다녔습니다. 도박을 끊지 못하고 툭하면 사라지는 통에 남편은 들과 산에 있는 하우스로 저를 찾아다녔습니다. 결혼 후에는 저희 집을 하우스 삼아 술과 도박을 일삼는 생활을 했습니다.

　　2014년 봄. 일생일대의 사건이 일어났습니다. 일본 굴지의 기업 히노 자동차와의 입찰 계약 건을 성사시키고 일본에서 한국으로 돌아오는 비행기 안이었습니다. 갑자기 숨이 멎고 손발이 돌아갈 정도의 극심한 비행공포 공황장애를 겪었습니다. 비행기를 다시 타는 게 죽기보다 두려웠습니다. 엎친 데 덮친 격으로 수천만 원의 계약금이 넘어간 상황에서 한국 측 바이어가 계약 파기를 통보했습니다. 저는 손해 배상을 청구 당하는 상황에 몰렸습니다. 꽁꽁 묶여 오가지도 못한 채 저는 술 없이는 살 수 없었습니다.

　　석 달 사이에 살이 7kg이나 빠져 이러다 죽겠구나 싶은 생각이 들 때쯤이었습니다. 문득 거울에 비친 낯선 제 모습을 보며 이런 생각이 들었습니다.

　　'하나님! 하나님이 어딘가에 계시긴 한 걸까?'

　　날마다 술에 찌들어 있는 동안 사업체도 가정도 엉망이 되었습니다. 남편과의 관계 역시 돌이킬 수 없는 지경에 이르러 이혼 이야기가 나왔고 의지할 것이라고는 술밖에 없던 그때 하나님을 찾게 되었습니다.

　　그 무렵 모임에서 알게 된 지인을 만나러 간 곳이 한성교회였습니다. 교회만 오면 모든 게 다 해결될 것이라고 믿지는 않았습니다. 그래도 살고 싶어서 교회에 출석했습니다.

어느 날 내 삶이 이젠 정말 끝이구나 생각하며 잠을 자고 일어났습니다. 어딘가에서 돌아온 남편은 제 손을 잡고 말했습니다.

"여보! 내가 실은 혼자서 교회에 다녀왔어. 도대체 예수님이란 분이 누구신지 너무 알고 싶었어. 처음으로 혼자 예배란 걸 드리는데 어찌나 눈물이 나는지. 그동안 내가 너무 잘못 살아온 것 같아."

그런 남편이 너무나 고마웠습니다. 저도 하나님께 매달려 상황을 회복하고 건강을 되찾고 싶은 마음이 간절해졌습니다. 복음이라곤 40 평생 들어본 적이 없던 저희 남편과 세상을 너무 사랑했던 저는 그때부터 하나님을 찾기 시작했습니다.

가난했기에 절박했고, 절박했기에 하나님께 저희 부부는 매달렸습니다.

"하나님! 저는 당신을 잘 모릅니다. 지금 고쳐주시면 제가 이제 당신을 믿겠습니다. 그리고 남은 인생도 하나님을 위해 살겠습니다. 우리 가정을 버리지 말아 주세요."

우리 부부의 절박한 기도에 하나님은 응답해 주셨습니다. 저희 부부는 하나님을 만나 고침을 받았고 달라진 삶을 시작하게 되었습니다. 하나님은 중독으로부터의 자유를 주셨습니다. 평생을 도박이 주는 쾌락에서 벗어나지 못한 채 살던 제가 이후로 다시는 도박을 하지 않게 되었습니다. 내 텅 빈 공간에 하나님을 채워 넣으면 넣을수록 소망이 생겨났고, 제게 소망이 생겨서 세상이 주는 기쁨과는 비교할 수 없는 기쁨이 넘쳐났습니다.

    하나님은 사랑이시고 선하십니다. 그리고 우리에게 가장 선한 것을 주십니다. 이제 저희 부부는 오직 예수님밖에 없음을 너무나 잘 알고 있습니다. 앞으로는 과거의 저와 같이 끊을 수 없는 악습에서 고통받는 사람들이 예수님을 만나 자유롭고 행복한 인생을 살 수 있도록 전도와 선교에 헌신하는 삶을 살 것을 다짐합니다. 저와 우리 가정을 살리신 하나님께서 그들 역시 살리실 것을 믿습니다.

— **김○○ 집사**

2
부

A YOUNG MAN'S DREAM
WITHOUT A HOPE.

> 소망이 없던 한
> 청년의 꿈

01

행복은 진짜 아버지를 만나는 것이다.
인생 최고의 행복은 바로 하나님 아버지께서
나와 함께하신다는 사실을 깨닫는 것이다.

우리는
아버지가 필요하다

나는 2대 독자로 태어났다. 요즘에는 딸 만한 아들이 없다며 딸을 더 원하기도 하지만, 50년 전만 해도 우리나라의 정서는 사뭇 달랐다. 여자가 아들을 낳지 못하는 것은 칠거지악의 하나였다. 나는 손이 귀한 집의 독자였기 때문에 부모님의 특별한 사랑을 받으며 자랐다.

어머니께서는 내가 조금 아프기라도 하면 마치 큰일이 난 것처럼 밤새 내 곁을 지키시며 보살펴주셨다. 수건을 갈아주시고, 배를 만져주시고, 직접 미음을 떠먹여 주셨다. 아버지께서도 내가 고등학교 2학년이 될 때까지 목욕탕에서 손수 씻겨주실 정도로 나를 사랑하셨다. 나의 모든 필요를 채워주셨고 원하는 것은 무엇이든지 아낌없이 주셨다.

그러던 어느 날 평소 건강하셨던 아버지에게 이름 모를 병이 찾아왔다. 그 병은 내 인생의 기둥 같았던 아버지를 쓰러뜨렸고 급기야 앗아갔다. 하늘이 무너지는 것 같았다.

아버지를 잃은 슬픔을 채 잊기도 전에, 장차 어떻게 살아가야 할지에 대한 두려움이 엄습해 왔다. 홀로 남으신 어머니와 누이들을 생각하면 앞이 깜깜해졌다. 한 번도 생각해 본 적 없었던 가장의 역할을 이제부터 해야 한다는 것이 도무지 엄두가 나지 않았다. 준비하지 못한 이별과 남겨진 현실은 견디기가 너무 힘들었다. 나는 고통 가운데에서 아득한 미래를 바라보며 서툰 기도를 시작했다. 내 힘으로 할 수 있는 것이라고는 하루하루 금식하며 기도하는 것뿐이었다.

"하나님! 저는 연약합니다. 저와 저희 가정을 지켜주옵소서!"

육신의 아버지는 돌아가셨지만, 내게는 하늘 아버지가 계셨다. 하늘 아버지께서는 고통 속에 부르짖던 나를 일방적으로 찾아오셨다. 하늘 아버지를 만나는 순간부터, 두려움과 절망감은 사라지고 기쁨과 소망이 나를 사로잡았다.

우리 모두에게는 두 분의 아버지가 계신다. 한 분은 육신의 아버지이시다. 그는 우리를 낳으시고 길러주시지만, 상황과 형편의 한계에 갇혀 우리를 끝까지 사랑해주실 수는 없다. 그러나 하늘 아버지는 끝까지 변함없는 사랑으로 도와주시고 함께하신다. 이를 경험한 시편 기자도 이렇게 고백한다.

> 이 하나님은 영원히 우리 하나님이시니 그가 우리를 죽을 때까지 인도하시리라 **시편 48:14**

　나는 힘들고 어려울 때마다 하늘 아버지를 목청껏 불렀다. 아버지께서는 그때마다 단 한 번도 외면하지 않으시고 나의 신음에 귀를 기울이시고 응답하셨다. 나는 기도하고도 종종 잊을 때가 있었는데, 하늘 아버지는 오롯이 나의 기도를 기억하시고 내가 전혀 생각하지 못한 방법으로 신실하게 응답하셨다.
　행복은 어떤 것을 채우는 것도 비우는 것도 아니다. 행복은 진짜 아버지를 만나는 것이다. 인생 최고의 행복은 바로 하나님 아버지께서 나와 함께하신다는 사실을 깨닫는 것이다. 우리는 모두 아버지가 필요하다.

02

이따금 닭장 교회를 찾았다. 그때마다 봉고차에
성도들을 한가득 태우고 시골 골목길을 달리던 것을
회상하며, 한 영혼에 대한 소중함을 가슴 절실히
깨닫던 그때의 초심을 다시금 확인했다.

닭장 교회
이야기

하늘 아버지와의 새로운 만남은 내 인생을 그분께 드리는 길로 이어졌다. 신학을 공부하고 사역자가 된 것이다. 나는 주어진 사역마다 마음을 쏟으려고 애썼다. 그런 나에게 하나님은 아름다운 열매를 허락해주셨다. 점점 사역에 자신감이 붙어갔다. 하지만 미래를 위해 더 공부해야 할 필요를 느꼈다.

학업을 마친 후, 다시 사역의 현장으로 돌아오려 했지만 길이 쉽게 열리지 않았다. 한동안 사역지가 없어 힘든 시간을 보냈다. 그렇게 기도하며 기다리던 중에 '사복교회'라는 작은 교회를 섬기게 되었다.

사복교회는 양계장이 많은 동네에 있었고, 농가의 닭장을 고처 예배당으로 만든 곳이었다. 20평 남짓한 공간에 기둥이 수십 개가 세워져 있었다. 창문은 비닐로 되어있었고 바닥엔 노란색 장판이 깔려있었는데, 습도가 높은 탓에 장판 사이에서 벌레가 많이 나왔다.

성도들은 20-30명 남짓이었는데, 대부분 논밭과 비닐하우스에서 일하시는 분들이었다. 주변 교회에 다니다 어려움이 생기자 궁여지책으로 닭장을 고쳐 예배 처소를 만들고 사역자를 찾고 있었던 것이다. 하나님은 그곳으로 나를 인도하셨다.

예배당을 처음 본 순간 과연 여기에서 예배를 드릴 수 있을까 하는 생각이 들었다. 그나마 다행인 것은 피아노가 한 대 있었다는 것인데, 나중에 알게 된 사실이지만 새로 부임한 사역자가 너무 힘이 빠질까봐 어느 성도 한 분이 자신의 피아노를 가져다 놓은 것이었다.

작고 낡은 교탁을 가져다가 비닐을 덮어 강대상으로 삼았다. 열악한 환경이었다. 하지만 어느 때보다 간절했던 나는 이 '닭장교회'에 내 삶을 던졌다.

처음 부임할 때, 성도들이 교회 형편상 사택을 제공할 수 없다는 것과 여러 가지 사정으로 새벽예배를 드리기 어렵다는 이야기를 들었다. 다른 것은 다 괜찮았지만 새벽예배만큼은 포기할 수 없었다. 성도나 교회를 위해서도 그렇지만 나 자신을 위해서 더욱 그랬다.

　　나는 새벽예배를 위해 중고 스쿠터를 한 대 구입했다. 사고가 나서 오랫동안 앞집 마당에 방치되어 있던 것을 아주 저렴한 가격에 샀다. 문득 아버지의 유언이 떠올랐다.

　　"욱아! 너는 2대 독자야. 어떤 경우에도 절대 오토바이는 타면 안 돼."

　　하지만 새벽예배를 위해서는 어쩔 수 없었다. 마음에 걸렸던 아버지의 유언도 뒤로 한 채 나는 매일 새벽 중고 스쿠터를 타고 집에서 30-40분 거리를 달려가 새벽예배를 인도했다. 추운 겨울에는 신문지를 가슴에 깔고 새벽바람을 맞으며 달리고 또 달렸다.

　　그렇게 힙겹게 도착한 예배당에는 고작 2-3명의 성도들만이

앉아있을 뿐이었다. 컴컴한 예배당에 아무도 없을 때도 많았다. 텅 빈 닭장 교회에서 홀로 기도를 마치고 돌아오는 날에는 한 사람의 소중함을 새삼 절감하곤 했다.

당시 한 달 사례는 5만원 남짓이었다. 그러나 직장 생활을 했던 아내 덕에 재정적으로 열악한 교회를 섬길 수 있었다. 나는 자비를 들여 승합차 한 대를 구입했다. 주일예배를 마치고 나면 나는 한 분 한 분 집까지 모셔다드렸다.

순수한 시골 분들이라 마을 어귀에 이르면 서둘러 내리려 했다. 하지만 그곳에서 내려드리면 그 뒤로 걸어가야 하는 산길이 꽤 멀다는 것을 나는 잘 알고 있었다. 피곤으로 갈등할 때도 있었지만 차가 들어갈 수 있는 구석구석까지 모셔다드리지 않고는 마음이 불편해서 견딜 수 없었다.

성도들과 훈련모임을 한 후에는 라면을 한 솥에 끓였다. 한 달에 한두 번은 주변에서 흔하게 구할 수 있었던 슬레이트 위에 돼지고기를 구우며 교제했다. 자비를 들여 주보까지 찍어가며 전심으로 닭장 교회를 섬겼던 그때가 내겐 가장 소중한 시간이었다.

훗날 경산중앙교회 담임이 된 후에도 이따금 닭장 교회를 찾았다. 봉고차에 성도들을 한가득 태우고 시골 골목길을 달리던 것을 회상하며, 한 영혼에 대한 소중함을 가슴 절실히 깨닫던 그때의 초심을 다시금 확인하기 위해서였다. 나는 함께 간 동역자들에게 고백하곤 했다. 여기 이 골목 저 골목마다 내 눈물이 떨어져 있다고.

03

하나님께서 은혜를 주실 때까지 부르짖고
통곡하며 기도했다. 성령께서 역사하심으로
평소에 볼 수 없는 놀라운 일들이 일어났다.

첫 부흥의
영광을 맛보다

30대 초반에 대구 아양교회 청년부를 섬기게 되었다. 지금도 처음 만난 그들의 모습이 눈에 선하다. 고작 20-25명에 불과한데 그조차도 두 개의 청년부로 나누어져 있었다. 부서에 부임한 첫날, 한 자매가 청년부 일지를 주었다. 매주 모임의 참석 인원, 진행 과정, 모임 분위기 등이 구구절절 담겨 있었다. 그 내용이 너무나 안타까웠다. '오늘도 회장은 15분이나 늦었다.'

공동체가 얼마나 방치되어 있었던 것일까? 자매의 기록은 그 단면을 여실히 보여주기에 충분했다. 그 노트엔 흘렸던 눈물이 고스란히 흔적으로 남아 있었다.

"하나님, 우리에게 지도자를 보내주세요!"

청년부 일지 하단에 남겨져 있던 이 기도문을 읽는 순간, 마치 바다 저편에서 떠내려온, 소원이 담긴 유리병을 접한 듯했다. 오랜 기도의 응답으로 내가 여기 서 있음을 깨닫게 되었다. 나의 청년 사역은 그렇게 시작되었다.

나는 간절히 부흥을 원했다. 단지 숫자만 늘어나는 부흥이 아니라 사도행전이 보여주는 그런 부흥을 꿈꾸었다. 그러나 현실은 내 꿈과는 거리가 있었다. 안타까움과 절실함만이 가득하던 차에 잠시 신학을 함께했던 손문수 목사(**현 동탄순복음교회 담임**)가 생각났다. 당시 순복음 영산신학원을 마치고 순복음 강서대교구의 교구 목사로 계시던 차였다.

사모께서 출산차 집을 비운 틈을 타 손 목사의 집으로 찾아갔다. 하루를 묵으며 밤새 마음속 깊이 숨겨두었던 사역의 고민을 털어놓았다. 당시 세계적인 주목을 받고 있었던 여의도순복음교회의 故 조용기 목사님은 내가 닮고 싶은 모델이었다.

"도대체 조용기 목사님의 탁월한 목회의 비결은 무엇인가요?"

집요하게 매달리는 나의 질문에 명쾌한 답을 주지 못한 손 목사는 카세트테이프 몇 개를 내게 주셨다. 그 테이프들은 조용기 목사님의 교회 성장 강의 녹음본이었다. '목회와 기도'라는 주제에 내 시선이 꽂혔다. 내용은 간단했다. 개척 때는 하루 7시간씩 기도하셨고, 지금도 하루 4시간씩 기도하신다는 것이었다. 조용기 목사님의 목회의 열매는 첫째도, 둘째도, 셋째도 기도 덕분이라고 하셨다.

　그날 이후, 조용기 목사님을 뛰어넘고 싶은 마음에 나도 하루 4시간씩 기도를 시작했다. 처음에는 억지로 몰입하는 버티기식의 기도였다. 언제나 1시간이 고비였다. 그런데 2시간이 넘어가면 확신이 몰려왔다. 3시간을 넘기니 모든 불가능이 사라지는 것 같았다. 겨우겨우 4시간을 기도하고 나면 무슨 일이라도 할 수 있을 것 같았다. 심지어 내 얼굴에 광채가 나는 것처럼 느껴지기까지 해 나는 아내에게 혹시 내 얼굴에서 빛이 나지 않느냐고 묻곤 했다. 그럴 때마다 아내는 나를 물끄러미 쳐다보며 되물었다. "땀났어요?"

　그러던 중에 강도사고시를 치러야 했다. 꽤 열심히 준비했지만 한 과목이 통과되지 못해 낙방의 쓴잔을 마셔야 했다. 아내와 나는 자괴감에 빠져 매우 힘들어 했다. 하나님께서 이렇게 목회의 길을 막으시는 것은 아닌가 하는 불안함과 두려움마저 들기도 했다.

　하지만 나에게는 사랑하는 청년들이 있었다. 그들과 함께 이루어가고 싶은, 부흥을 향한 뜨거운 열망이 나를 사로잡았다. 나는 부흥에 대한 열망으로 자괴감과 절망을 넉넉히 극복할 수 있었다.

　나는 청년들과 함께 기도하고 예배하며 전도의 현장을 누볐다. 대구의 종합 대학들을 빠짐없이 찾아갔다. 청년들을 모아 빈 강의실에서 성경을 가르치고 복음을 전했다. 캠퍼스 전도와 길거리 전도를 멈추지 않았다. 심지어 경산에 소재한 조폐공사를 찾아가서도 그렇게 했다. 대구에 있는 공군 K2 비행장도 제집 드나들 듯했다. 하나님은 이런 열망에 기적 같은 은혜로 보답해주셨다. 수많은 청년들이 교회로 몰려들기 시작한 것이다.

매주 주일예배와 수요예배 후에는 '주수기도회'를 열었다. 한 달에 한 번씩 모든 청년들과 함께 팔공산 기도원을 찾아 부르짖었다. 특히 리더들은 주암산 수양관 바위 위에서 비가 오나 눈이 오나 밤새 부르짖었다. 얼마나 부르짖었는지 기도하고 나면 갈비뼈가 아플 정도였다.

기도회는 자정이 넘어서야 끝이 났다. 그때마다 돌아가는 봉고차를 가로막고 청년들의 목소리를 확인했다. 목이 쉰 청년들만 차에 태우고, 그렇지 않은 청년들은 산에 둔 채 내려왔다. 그렇게 해서라도 부르짖는 기도가 몸에 배도록 훈련시켰다. 기도회를 마친 후, 목이 쉰 그들과 함께 시장에서 야식을 먹고 집까지 태워다 주었다. 지금도 제자들은 그때 그 시절 기도의 훈련이 지금의 자신들을 만들었다고 고백하곤 한다.

수련회는 청년들을 십자가 정병으로 만드는 훈련소와 같았다. 나는 정말 죽을힘을 다해 수련회에 임했다. 직장에서 휴가를 받지 못하면 사표를 던지고 참석하는 지체들도 있었다. 24시간 금식하며 기도할 수 있는 공간을 별도로 운영했다. 수련회에 꼭 참석해야 할 대상자 리스트를 만들었고 체포조(?)는 이들을 잡아 와 저녁 집회 자리에 앉혔다.

집회 강사의 설교가 끝나면 청년회 조별 대형으로 모이게 하여 기도회를 진행했다. 하나님께서 은혜를 주실 때까지 부르짖고 통곡하며 기도했다. 성령께서 역사하심으로 평소에 볼 수 없는 놀라운 일들이 일어났다. 그래도 냉랭한 지체가 있으면 모두 달려가 끌어안고 은혜를 받도록 눈물로 간구했다. 얼마나 뜨겁게 부르짖었던지 자기의 눈물인지 다른 사람의 눈물인지 구분이 되지 않을 정도였다. 수많은 청년들이 눈물의 기도로 변화되었다.

수련회 하이라이트는 '악수례'였다. 모두가 둥근 원을 만들고 한 사람씩 돌아가면서 손을 맞잡고 은혜와 감동을 나누었다. 서로 목을 끌어안은 채 놓지 않아 부장 집사님이 차임벨까지 동원해 다음으로 넘어가라고 신호를 줄 정도였다. 이렇게 한 번의 수련회가 끝나면 많은 변화와 은혜의 헌신자들이 생겨났다.

그렇게 만들어진 나의 제자들, 아니 사실은 주님의 제자들이지만, 그중에 상당수가 목회자가 되었다. 특히 70년 개띠 동기들 6명은 필자가 담임목사가 될 때 자신들이 함께 동역하겠다고 모두 신학을 하고 목회자가 되었다. 그들은 경산중앙교회를 거쳐 한성교회까지 따라와 온몸을 던져 교회를 세웠다. 그들은 나에게 가슴 시린 믿음의 아들들이고, 소중한 동역자들이다.

하나님께 맡기고 기도하며 살아가는 평안

저는 주어진 삶에 성실히, 바르게, 최선을 다해 사는 것이 올바른 길이라고 믿으며 살아왔습니다. 그런 노력의 결과로 감사하게도 대학교를 졸업하기 전에 회사에 취업할 수 있었고, 지금은 미국 회사에 근무하며 재택으로 일합니다.

저는 저에게 주어진 이러한 삶이 운이 좋았다거나 혹은 제 노력의 결과라고 믿고 살았습니다. 오로지 나 스스로를 믿으며 타인과 스스로에게 부끄럼없이 성실하게 살고 있다고 자부했었습니다. 그러나 언젠가부터 하루하루가 버겁기도 하고 때론 무료하기도 했으며 알 수 없는 공허함과 불안감이 많아졌습니다.

친구들과 얘기하며 나이 탓으로 돌리기도 하고, 10년이나 된 재택근무와 육아로 인한 스트레스라고 치부하고 애써 외면하며 살았습니다. 주위에서는 이런 저에게 신앙생활을 권유하시는 분들이 많이 계셨지만, 저는 저만 성실히 잘하면 된다는 확신이 있었습니다.

한성교회의 행복한 사람들의 축제는 그동안 4-5차례 초대받아 참석하기도 했습니다. 그러던 중 큰 아이의 가장 친한 친구 엄마이자 이젠 저에게도 친한 친구가 된 오○○ 집사의 초대가 있었습니다. 한성교회는 몇 번의 전도축제 방문으로 저에게는 익숙한 곳이었습니다.

그런데, 이번은 달랐습니다. 찬송을 들으며 갑자기 눈물이 났습니다. 그 감정에 당황스러워 애써 굳건히 참기도 했습니다. 목사님의 설교 말씀에 귀를 기울이는 저를 발견하였고, 마음 가운데 깊은 위로를 체험하게 되었습니다. 또한 제 아이들이 건강하고 안정되게 자라나기 위해 하나님의 은혜가 필요하다는 생각이 강하게 들었습니다.

그렇게 저의 신앙생활이 시작되었습니다. 오○○ 집사는 주일마다 저를 챙겼습니다. 가족들과 주변의 신앙생활을 하던 분들이 모두 축복해주셨습니다.

　제 생활과 마음에도 작은 변화들이 생겼습니다. "아무 것도 염려하지 말고 다만 모든 일에 기도와 간구로, 너희 구할 것을 감사함으로 하나님께 아뢰라 그리하면 모든 지각에 뛰어난 하나님의 평강이 그리스도 예수 안에서 너희 마음과 생각을 지키시리라"라는 빌립보서의 4장 6-7절 말씀처럼 하나님께 맡기고 기도하며 살아가는 평안을 경험하게 되었습니다.
　사실 저는 늘 불안 속에 살았습니다. 교회 나오면서 생긴 평온함이 저도 모르게 생겼던 제 마음의 불안을 없애주었습니다. 제 자신만을 의지하면서 힘들고 외로웠던 일상이 하나님과의 행복한 동행으로 변화되었습니다.

　이제 저는 예배 시간에 오는 발걸음이 가볍고 기대되고 설렙니다. 교회에 오면 느껴지는 활기와 감사가 좋습니다. 담임목사님의 '인내'라는 설교를 들으면, 하루 종일 남편과 아이들과 함께 '인내'라는 단어를 되새기는 하루를 보냅니다.
　이렇게 변화된 삶의 순간들이 저에게는 너무 소중하고 행복합니다. 아직 가야 할 길이 멀지만, 주일에 교회를 찾고 매 순간 기도하며 감사하는 가운데 주님을 더욱 알아가겠습니다. 조급하게 서두르지 않고 물에 젖듯이 꾸준히 이어가겠습니다. 제 삶에 평안과 믿음을 주신 하나님께 진심으로 감사드립니다.

__ **신○○ 집사**

3
부

A BURNING DREAM OF REVIVAL

"타오르는 부흥의 꿈"

01

경산중앙교회에서의 12년 목회는 내겐
꿈같은 시간이었다. 한 번도 바라거나 기대하지
않았던 길을 하나님은 가게 하셨다. 하루하루가
하나님의 일하심을 깊이 경험하는 날들이었다.

39세, 경산중앙교회의 담임이 되다

　나는 빨리 담임목사가 되고 싶었다. 돌이켜보면 왜 그랬는지 조차 잘 이해되지 않지만 30대 중반부터 그런 마음을 품고 있었다. 그 열망이 너무나 간절해서 안달이 날 정도였다. 하지만 꿈을 이루기에 나는 턱없이 부족했다. 갖춘 것이 별로 없었고 기도로 후원해주는 사람들도 많지 않았다.

　모든 부목사들의 한결같은 소원은 남북통일이 아니라, 담임 청빙이라는 우스갯소리가 있다. 나 역시 빨리 담임목사가 되고 싶었다. 돌이켜보면 왜 그랬는지 잘 이해되지 않지만, 그 열망이 너무나 간절해서 안달이 날 정도였다.

　하지만 꿈을 이루기에 나는 턱없이 부족했다. 갖춘 것이 별로 없었고 기도로 후원해주는 사람들도 많지 않았다. 30대 중반부터 청빙에 도전했지만 번번이 낙방의 고배를 마셔야 했다. 그때마다 하나님께 거절당한 것 같아 깊은 상실감과 자괴감에 허덕였다. 그러던 어느 날 비장의 카드를 빼 들었다.

"하나님! 40세가 되기 전까지 담임을 시켜주지 않으면 목회를 그만두겠습니다."

지금 생각해 보면 참 시시하고 철없는 오기였다. 그러나 하나님은 그런 시답지 않은 기도까지 기억하고 응답하셨다. '열 번 찍어 안 넘어가는 나무 없다'고 하지 않던가? 8-9번의 거듭된 실패에도 나는 포기하지 않았고, 마침내 1998년 12월 7일, 39세의 나이에 하나님의 전적인 은혜로 경산중앙교회 9대 담임으로 부임했다.

재미있는 간증이 하나 있다. 한성교회에서 부목사로 섬긴 후 미국에서 유학 중인 목사 한 분이 있었다. 그는 나를 아버지로 섬기고 싶다고 했다. 그의 말은 단순한 인사치레가 아니었다. 해마다 안부를 전해오고 어려운 유학 생활 중에도 선물을 보내오곤 했다.

그러던 어느 날 전화가 왔다. 자신이 수원에 있는 한 교회에 담임 청빙 절차를 밟고 있는데 기도해 달라는 것이었다. 결국 그는 그 교회의 담임이 되었다. 청빙이 결정된 날 저녁, 기도해준 것에 대해 감사하다고 연락이 왔다. 그를 축하하다가 문득 물었다.

"목사님, 올해 나이가 몇이죠?"

그가 대답했다.

"언젠가 목사님의 말씀을 듣고, 저도 목사님처럼 39세 12월 셋째 주에 담임으로 가게 해달라고 기도해 왔습니다. 그런데 청빙이 결정된 오늘이 바로 39세, 12월 셋째 주일입니다."

그의 대답을 듣고서, 나는 잊고 있었던 예전 나의 기도들이 떠올랐다. 무척이나 감격스러웠다. 하나님은 여전히 믿음으로 구하는 기도에 응답하고 계셨다. 조금 시시하고, 조금 지나친 기도의 내용도 하나님은 하나하나 신실하게 듣고 계심을 새삼 깨달을 수 있었다.

하나님의 은혜로 39세에 담임이 된 나는 사역에 인생을 던졌다. 경산중앙교회에는 내가 오기 전에 유능한 분이 담임으로 계셨다. 그분은 막막한 시골 중소도시의 교회를 짧은 시간에 획기적으로 바꾸어 놓으셨다. 높은 강단을 허물고 성가대석을 강대상 뒤로 배치했으며 예배순서를 파격적이고 신선하게 바꾸었다.

그분은 감각도, 설교도, 외모도 최고였다. 그분의 장점에 모든 성도들이 한껏 매료되었다. 그는 마치 불도저 같은 개혁자였다. 장애물에 개의치 않고 과감하게 변화를 시도했다. 그가 이끌어가는 변화가 쉽지 않았을 텐데 순응하고 받아들인 성도들이 존경스러울 정도였다.

그런 분이 떠난 빈자리에 내가 힘겹게 들어간 것이다. 하나님의 은혜로 부임은 했지만 미숙하고 어린 나에 대한 기대는 커녕,

나를 바라보는 시선조차 대부분 곱지 않았다. 추측하건대 아마도 당시 교회는 고분고분하고 말 잘 듣는 목사, 변화는 만들지 못해도 현상 유지를 감당할 만한 사람을 후임으로 찾았으리라.

나는 차분하게 교회의 본질에 집중하고자 했다. 특히 교구와 구역의 조직을 재정비하고, 한 영혼 한 영혼을 세심하게 돌아보는 목양 사역에 주력했다. 목양은 한 영혼을 깊이 이해하고 돌보는 일을 반복하는 것이다. 그래서 때로는 열심히 해도 잘 표시가 나지 않는 밋밋한 사역으로 치부되기도 한다. 그러나 나는 목양이 목회의 꽃이라고 믿는다. '벼는 농부의 발자국 소리를 듣고 자란다'라는 말이 있듯이, 목회의 진수는 목양에 있다. 행정이나 기획이 아닌, 목양이야말로 목자의 마음을 깊이 깨닫는 자리인 것이다.

목양 사역과 더불어 진정한 예수의 사람이 되게 하는 제자훈련 사역도 시작되었다. 사랑의교회의 제자훈련 교재를 채택하고 꾸준히 훈련생들을 배출했다. 나중에는 책상 위에서만 훈련이 이루어지는 단점을 보완하고자 '환상의 밤'이라는 프로그램을 기획하기도 했다.

'환상의 밤'은 힘겨웠던 시절을 철야기도로 돌파했던 나의 경험에서 아이디어를 얻은 것이었다. 훈련생들에게 깊은 기도, 긴 시간의 기도를 할 수 있는 힘을 길러주고 싶었다. 모두가 잠들어 있는 밤, 훈련생들이 예배당에 함께 모여 밤을 지새우며 기도하다가 새벽예배 후에 귀가하는 것이 프로그램의 전부였다. 그러다 좁은 예배당 의자에 등을 반만 걸친 채 쪽잠에 들기도 하지만 참가자들은 이유를 알 수 없는 영적 쾌적함을 경험하고는 황홀한 밤의 간증을 쏟아냈다.

경산중앙교회 예배의 은혜, 모임의 기쁨, 뜨거운 기도는 주변에 조금씩 소문이 나기 시작했다. 예수로 행복해진 성도들이 그 주체할 수 없는 행복을 또 다른 이에게 전하며 다닌 것이다. 그 행복을 맛보기 위해 헤아릴 수 없이 많은 이들이 경산중앙교회로 몰려왔고, 교회는 자연스럽게 부흥에 부흥을 거듭하였다.

경산중앙교회는 행정구역상 경북에 속해 있었지만, 교회의 좋은 평판은 지역 구분을 뛰어넘었다. 구성원들의 30% 가까이가 대구에 거주하는 성도들이었던 것이다. 행정구역을 거꾸로 흐르는 기현상은 당시 경산중앙교회의 영향력을 잘 대변해 준다.

경산중앙교회에서의 12년 목회는 내겐 꿈같은 시간이었다. 하나님은 한 번도 바라거나 기대하지 않았던 길을 가게 하셨다. 하루하루가 하나님의 일하심을 깊이 경험하는 날들이었다. 자신의 약함 때문에 주저앉아 있는 사람이 있는가? 나를 보라. 약해서 쓰임 받지 못하는 사람은 없다.

02

허허벌판에서 시작한 이 독특한 예배당에 예배자들이
가득 차기까지의 시간을 나는 잊을 수 없다. 그 안에서
뜨겁게 울려 퍼졌던 예배자들의 부르짖는 소리가,
대구/경북의 부흥을 향한 나의 꿈이, 지금도 나의 안에
선명하게 살아서 나의 가슴을 뜨겁게 한다.

첫 번째 건축:
허허벌판에서 시작된 부흥

1997년 11월 21일, IMF 외환위기 사태가 발생했다. 신경제, 세계화를 외치며, 이제 선진국 대열이 눈앞이라고 들떠있던 대한민국이 국가 부도의 날을 맞은 것이다. 시중 은행은 고금리로 인상했고, 기업들은 구조조정에 들어갔으며, 자영업자들이 잇따라 도산했다. 무거운 채무의 무게에 목숨을 끊는 사람들도 부지기수였다.

그러나 경산중앙교회는 1997년 8월 30일에, 이미 경산 아미공단 부지 1,589평을 매입한 상태였다. 온 나라가 IMF로 쑥대밭이 되어 휘청거리던 칠흑 같은 어둠 속에서 3,200여 평 새 성전을 짓는 건축이 시작된 것이다. 약 68억 정도의 건축비가 들었는데, 이자율이 최고 24%까지 올라갔던 것으로 기억한다.

이렇듯 힘겨운 재정의 부담 속에 공사가 진행되던 어느 날, 예배당 크기가 너무 작아 보였다. 재적 성도가 900여 명이었는데 본당 좌석을 600석 규모로 설계했기 때문이었다. 아무리 봐도 이건 아니다 싶어 교회 리더십들에게 수정을 요구했다. 그때 돌아온 대답이 걸작이었다. 대단한 목사님이 떠나고 경험이 없는 어린 목사가 왔으니 앞으로 600명으로 줄지 않겠느냐는 추정에서 설계가 나왔다는 것이다. 나는 그들에게 그런 목사였다.

갖은 설득 끝에 건축면적을 2번 확장해 1,000여 석으로 그 규모를 넓혔다. 마지막에 한 번 더 늘리자고 제안했더니 이런 대답이 돌아왔다.

"목사님. 이거라도 꽉 채우이소!"

이후 여러 우여곡절 끝에 한 번 더 좌석을 확장해 마침내 1,200석 규모의 예배당을 완공할 수 있었다.

성전 건축 막바지에는 음향, 영상 등에 많은 비용이 들어간다. 대개는 마이너스 예산으로 건축이 진행되기에 건축 끝자락에 충돌이 일어나는 경우가 허다하다. 영상 장비 시공을 논의하던 시점에, 나는 화질이 좋은 영상을 구현하고 싶었다. 당시 우리 지역에는 제대로 된 영상 장비를 갖추고 있는 교회가 없었기에 당연히 영상 장비에 대한 이해가 많이 부족했다. 그래서 좋은 영상 장비를 갖추고 운영하는 교회에 장로님 몇 분을 견학차 다녀오시게 하고 기대하는 마음으로 기다렸다. 그런데 다녀오신 분들의 반응이

시큰둥했다.

"왜요? 무슨 문제라도 있습니까?"

좋기도 하고 필요도 한데 돈이 없다는 대답이 돌아왔다. 고급 스크린에 빔 영상을 구현하려면 1억 3천만 원 가량의 추가 예산이 필요했으니, 당시로는 꽤 큰 금액이었다. IMF에 건축 막바지여서 재정을 충당하기가 쉽지 않아 보인 것이다. 답답했다. 하지만 에둘러 건축위원들을 설득했다.

"앞서가는 교회는 구호로 되는 것이 아닙니다. 검증되지 않은 선진 기자재이고 설치 후 결과도 미지수지만, 앞서가려면 투자할 수 있는 결단이 필요합니다."

새로 부임한 목사의 요청이니 거절도 하지 못하고, 그렇다고 속 시원하게 결정도 하지 못하고, 모두가 이러지도 저러지도 못하는 엉거주춤한 상태가 되었다. 보다 못해 한마디 더 거들었다.

"만약 이 영상 장비를 들여서 교회 예배나 발전에 도움이 되지 않는다면 제가 배상을 하겠습니다. 아버지로부터 물려받은 작은 집이 하나 있는데 그걸 팔아서라도 갚겠습니다."

성령께서 감동을 주신 것일까? 장로님 한 분이 벌떡 일어나시더니 이렇게 말씀하셨다.

"아이고! 목사님께서 이렇게 간절하신데… 합시다! 동의합니다!"

모두의 만장일치로 결정이 났다. 울컥하는 마음과 함께, 감사가 밀려왔다. 나는 자리에서 일어나 90도로 숙이고 감사 인사를 드렸다.

"정말 감사합니다. 여러분! 좋은 영상 장비가 있건 없건 사실 그것은 중요하지 않습니다. 하지만 검증되지 않은 기자재를 젊은 목회자의 이야기를 듣고 결정해주신 그 결단이 저에게는 너무 소중합니다. 이날을 잊지 않겠습니다. 결코 이런 결정에 누가 되지 않도록 온 힘을 다 하겠습니다."

나의 예상대로 성도들은 큰 스크린에 비추어지는 선명한 화면을 통해 청명한 예배의 축복을 누릴 수 있었고, 경산중앙교회는 앞서가는 교회라는 이미지로 지역 사회에 각인되어 갔다. 돌아보면 모든 것이 은혜로 이루어진 일들이었다.

이전하고 보니 또 다른 어려움에 직면했다. 새로 이전한 교회 자리는 접근성이 좋았던 옛 교회 자리와는 전혀 달랐다. 버스 노선조차 없는 허허벌판에 교회를 건축한 것이었다. 혹자들은 누가 여기까지 오겠느냐고 주장했었는데, 내가 볼 때도 그 주장이 아주 틀린 것은 아니었다. 갑자기 두려움이 밀려왔다. 하지만 이번에도 내가 할 수 있는 것은 강단에 엎드려 하나님께 기도하는 것뿐이었다.

"하나님, 지금 이곳은 아무것도 보이지 않는 컴컴한 벌판입니다. 하지만 저는 믿습니다. 주일이면 이곳으로 사람들이 몰려와 교통 정체가 일어나고, 이 예배당이 하나님의 사람들로 가득 차게

하옵소서!"

눈을 감고 기도하면 사람들이 몰려오는 환상이 보였다. 하지만 눈을 뜨면 여전히 허허벌판의 현실이 계속되었다. 그렇게 정확히 2년을 보내고 나자 나의 기도는 현실이 되었다. 하나님은 나의 생각보다 더 크고 놀랍게 역사하셨다.

나는 지금도 가끔씩 옛 사진 속에서 철골구조에 패널로 지은 1층짜리 중방동 옛 성전을 마주하곤 한다. 유럽식 예배당 같다며 기뻐했던, 정말 서양에서나 봄 직한 추억의 성전이 우뚝 서 있다. 허허벌판에서 시작한 이 독특한 예배당에 예배자들이 가득 차기까지의 시간을 나는 잊을 수 없다. 그 안에서 뜨겁게 울려 퍼졌던 예배자들의 부르짖는 소리가, 대구/경북의 부흥을 향한 나의 꿈이, 지금도 나의 안에 선명하게 살아서 나의 가슴을 뜨겁게 한다.

"부흥이여 다시 오라!"

03

지금도 기도는 내 사역의 큰 축이다.
한성교회도 매주 금요일마다 많은 성도들이
모여 뜨겁게 기도하고 있다. 만지시고 고치시며
새롭게 하는 은혜는 여전히 강 같이 흐르고 있다.

기도가
살아있는 교회

나는 청년 시절 철야 기도회에서 은혜를 받고 부르심을 받아 사역의 길에 이르렀다. 대구 지역의 교회들은 철야 기도를 강조하는 좋은 전통이 있었다. 특히 동부교회의 철야 기도는 유명했다. 동부교회의 큰 예배당에는 기도하려는 사람들이 모여들어 인산인해를 이루었고, 쉬는 시간에는 주전자에 담아 나누어주는 커피를 마셔가며 말 그대로 밤을 새워 기도했다.

감사하게도 동부교회는 나의 모교회인 서문교회와 비교적 가까운 거리에 있었다. 우리는 청년들끼리 삼삼오오 짝을 지어 동부교회까지 걸어가 철야 기도회에 참여하곤 했다. 뜨겁게 기도를 마친 후 집으로 돌아올 때는 항상 응답의 확신으로 충만했다.

동부교회를 담임하셨던 故 김덕신 목사님은 대단한 영성의 소유자셨다. 김 목사님은 신학생들에게 3년 철야와 성경 100독을 늘 도전하셨는데, 덕분에 나는 누구보다 일찍 기도의 중요성을 깨달을 수 있었다. 그래서 처음 담임을 맡게 된 경산중앙교회가 기도의 무릎이 강한 교회가 되기를 바랐다. 부르짖는 기도의 능력과 소중함을 알고 있었기에 성도들과 함께 뜨겁게 소리 내어 기도했고, 평소 성대가 약했던 나는 언제나 목이 쉬어 어려움을 겪기도 했다.

과거 청년 사역을 했던 교회에서도 작은 규모지만 금요기도회가 있었다. 어느 날 담임목사님께서 나를 부르시더니 "누가 도 전도사보고 찬양 인도를 잘한다고 하던데…" 라고 하시며 찬양 인도를 하라고 하셨다. 무척 당황스러웠지만 믿음으로 순종했다.

평소 땀을 많이 흘리는 체질이었던 나는 불과 20-30분 찬양 인도를 하는 동안 비 오듯이 땀을 흘렸다. 그야말로 물에 빠진 생쥐 같은 몰골이 되었다. 하지만 그런 상황에서도 목이 터져라 온 힘을 다해 찬양을 드렸다. 하나님은 그 찬양을 받으셨고, 함께 참석한 모든 예배자들에게 넘치는 은혜를 주셨다. 그 후로는 금요기도회의 설교까지 섬길 수 있었다.

이때 자주 불렀던 '주만 바라볼지라'는 지금까지 30년 넘도록 나의 18번 찬양이다. 너무 오래, 자주 불러서 누군가 이제 좀 그만 불렀으면 좋겠다고 항의 메일을 보낼 정도였다. 하지만 '나의 작은 신음에도 응답하시니 너는 어느 곳에 있든지 주를 바라고 주만 바라볼지라' 하는 후렴을 부를 때면 매번 눈물이 쏟아졌다. 성도들은 함께 눈물을 쏟으며 하나님께 부르짖었다.

　이런 은혜와 감동은 고스란히 경산중앙교회 금요성령집회로 이어졌다. 예배의 은혜와 감동이 조금씩 주변에 소문나기 시작했다. 울산과 포항, 안강, 군위, 창녕, 심지어 강원도 영월에서부터 뜨거운 은혜의 현장을 사모하는 마음으로 모여들기 시작했다.

　경산중앙교회를 섬겼던 11년 8개월 동안, 금요일 밤이면 예배당으로 향하는 길에 차량이 꼬리를 물고 길게 늘어섰다. 예배당은 입추의 여지가 없이 가득 찼다. 손뼉을 치며 찬양할 때 옆 사람의 턱이 닿을 정도였다. 당시 1,200석이던 예배당은 금요성령집회 찬양이 시작함과 동시에 가득 차버렸다. 교역자들이 재빠르게 통로마다 접이식 의자를 놓았지만 그조차도 금방 차버리기 일쑤였다. 나중에는 예배당 뒤편 자모실을 헐어서 예배석으로 만들 수밖에 없었다.

　성도들은 힘겨웠던 IMF 시절을 지나면서 금요성령집회를 통해 하나님의 위로를 받았다. 심령이 갈급하고 가슴이 답답하고 각종 문제로 고통당하는 자들이 모여들었다. 그런 그들의 기도는 간절할 수밖에 없었다. 한 번 기도가 시작되면 그치지를 않아 인도자들이 당황하기 일쑤였다. 흘러내리는 눈물과 터져 나오는 콧물을 주체하지 못하는 분들이 많아 예배당 곳곳에 티슈를 비치해두어야 했다. 성도들이 모일 때마다 얼마나 크게 소리를 내어 기도했는지, 건축업을 하는 한 장로님은 이렇게 말했다.

"이렇게 소리가 크면 50-100cm나 되는 기둥이 흔들릴 수도 있습니다."

성도들은 그렇게 세상을 살아낼 힘을 공급받았다.

어느덧 경산중앙교회 금요집회는 매주 1,500명 이상이 모이는 대구·경북을 이끄는 기도회로 자리를 잡아갔다. 겉으로 보면 자연스럽게 이루어진 것처럼 보이지만, 청년 시절 수련회에 참석하여 시골 학교 바닥을 눈물로 적시며 부르짖었던 작은 신음과 같은 기도에 하나님께서 응답하신 결과였다.

"주님, 대구·경북의 영적 부흥을 이끄는 주역이 되고 싶습니다. 저를 사용하여 주옵소서."

그 기도를 드린 지 꼭 12년이 되는 해였다. 성도들은 새벽마다 부르짖었고, 금요성령집회의 울부짖음과 쏟아지는 은혜들은 이루 표현할 길이 없었다.

특히 금요성령집회는 모든 사역자들이 영적으로 회복되는 시간이기도 했다. 늘 퍼주기만 해서 상대적으로 탈진하기 쉬운 목회자들에게, 금요성령집회는 영적으로 재충전할 수 있는 소중한 시간이었다. 사역지를 옮겨간 분들이 지금도 이렇게 고백하곤 한다.

"목사님! 금요성령집회가 가장 그리웠습니다."

지금도 기도는 내 사역의 큰 축이다. 한성교회도 매주 금요일마다 많은 성도들이 모여 뜨겁게 기도하고 있다. 만지시고 고치시며 새롭게 하는 은혜는 여전히 강 같이 흐르고 있다. 기도(氣道)가 막히면 죽듯이 기도(祈禱)가 막히면 죽는다.

04

나는 교회 건축을 통해 하늘 비전이
이루어지는 것을 목격했다. 온 공동체가
비전으로 나아가자 하나님은 수많은 장애물을
뛰어넘게 하시고 마침내 이루게 하셨다.

두 번째 건축:
교회는 무릎 위에 세워진다

　새 성전 건축 이후 경산중앙교회는 가파르게 성장했다. 예배는 언제나 축제였다. 그러던 중 교회가 속해 있던 아미공단의 4만여 평 부지를 상업 용지와 주거 용지로 변경한다는 경산시의 도시계획이 발표되었다. 우리의 의사와 상관없이 이사해야 하는 상황에 놓이게 된 교회는, 또 한 번의 건축을 준비해야 했다. 다시 교회를 지으려면 수백억이 드는 공사를 해야 했다. 이제 성전 건축을 마친지 얼마 되지도 않았는데 우리가 과연 그 일을 할 수 있을까? 두려움이 앞섰다.

　여러 곳이 물망에 올랐지만 하나님은 성전 부지를 쉽게 허락하지 않으셨다. 여러 고심 끝에 2005년 11월 지금의 성전과 비교

적 가까운 거리에 7,250평의 대지를 확보할 수 있었다. 넓고 반듯한 평지에 부지 앞으로는 남천이 흐르고 있었다. 짐을 지지 않고 도망치려는 성도들도 있었지만, 우리는 그곳에 3,000여 석의 예배당을 갖춘 교회를 짓기로 결정했다.

부지를 매입하는 과정에서 컨설팅 업자들의 농간이 있었다. 평생에 한 번 겪을까 하는 힘든 일들을 나와 교회가 함께 겪어야 했다. 고소, 고발에 조직폭력배까지 동원된, 엄청난 난관의 연속이었다.

하지만 그것은 단순히 몇 사람의 얄팍함 때문만은 아니었다. 나와 교회를 정금 같이 빚으시려는 하나님의 크신 사랑이었다. 하나님은 계속되는 어려움 속에 금식하며 매달리는 나를 위로하셨고 도전하셨다.

"이 일을 네가 시작했느냐?"

"아니요."

"그렇다면 내가 이룰 것이다. 너는 네가 꿈꾸는 비전을 담을 만한 믿음이 준비되어 있느냐?"

"아니요."

"그렇다면 너의 믿음을 보여라. 세상이 온통 너를 향해 등을 돌리고 공격해와도, 너는 칼끝 같은 신앙으로 내게 나아오라. 네가 맨날 설교하면서 침 튀기며 외쳤던 '절대 신앙', 그것을 내게 보여라. 지금까지 대구·경북에 이렇게 큰 교회가 세워진 적이 없었는데 어찌 네가 힘들지 않겠느냐?"

그리고 정말 성경에나 적혀있을 법한 깨달음을 주셨다.

"네가 힘이 든다는 건 제대로 하고 있다는 것이다."

성전 부지 위에 놓인 작은 컨테이너에서 나는 밤낮없이 부르짖었다. 그리고 10m가 넘는 대형 현수막을 건축 공사 현장에 내걸었다. 현수막에는 이렇게 적었다. '교회는 무릎 위에 세워진다.'

한 지역을 대표하는 교회는 쉽게 세워지지 않는다. 죽음 같은 상황, 칠흑 같은 어두움을 통과해야 한다. 때로는 법적 소송까지 휘말리는 처절함 끝에 비로소 세워지는 것이다.

수많은 장애물과 어려움이 다가올 때, 내가 할 수 있는 일은 별로 없었다. 그저 기도할 뿐이었다. 300억 가까운 공사비 걱정은 아무것도 아니었다. 오히려 온 성도들의 마음속에 믿음의 성전이 세워지는 일이 더 중요했다. 영적 준비 없이 눈에 보이는 건물만 올라가면 오히려 악재가 되어 무너질 수 있다고 생각했다. 기도의 동역자들과 함께 철야하고 금식하며 기도했다. 그리고 마침내 그 고통의 시간을 뚫고, 3년여 만에 새 성전이 완공되었다.

성도들의 모든 헌신이 아름다웠지만, 무엇보다 건축헌금을 작정하던 당시의 일은 잊을 수가 없다. IMF를 비롯하여 여러 힘겨운 시기를 지나는 동안 두 번씩이나 건축헌금을 해야 했으니, 성도들의 고충은 이루 말할 수 없었다. 나 역시도 처음 작정했던 헌금의 일부가 남아있는 상황이었다.

헌금 작정을 위해 금식기도를 마치고 돌아왔는데 성도 한 분이 이메일을 보내왔다. 넉넉하지 않은 형편에 자신은 출산을 준비하는 중이라고 소개했다. 그런데 교회 건축을 위해 그동안 저축해 두었던 수천만 원을 건축헌금으로 보내오신 것이다. 어려움 속에 매일 기도드렸던 작정 기도표도 파일로 첨부해서 보내주셨다. 그 편지를 읽으면서 쏟아지는 눈물을 주체할 수가 없었다. 그 일이 불씨가 되어, 작은 헌신들이 불일 듯 일어났다. 오병이어의 기적과 같이, 수백억에 달하는 공사비를 너끈히 감당하게 되었다.

부교역자들의 헌신이 연이어 일어났다. 모두 넉넉하지 않은 형편이었지만 어떤 이는 전세금을 뺐고 또 어떤 이는 차를 팔았으며 또 다른 이는 적금을 깼다. 그들 중 정말 형편이 좋지 않은 부교역자 한 명이 있었다. 그는 다른 부교역자들이 하나 둘 헌금하는 모습을 지켜보며 자신도 저렇게 헌금을 드릴 수 있게 해달라는 기도를 했다고 한다.

그러던 어느 날 그가 건축헌금이라며 2,000만 원을 가져왔다. 그의 형편을 뻔히 알고 있었던 나는 갑자기 큰 돈을 가져온 그가 염려되었다. 아니나 다를까, 그는 사모님의 암 진단으로 받은 보험금을 통째로 가져온 것이라고 했다. 그 돈이 어떤 돈인데… 나는 그를 간곡하게 만류했다. 하지만 그는 도리어 이렇게라도 드릴 수 있도록 허락해주신 하나님께 오히려 감사하다고 고백했다. 하나님을 향한 그의 중심에 가슴이 뭉클했다. 그런데 이어진 그의 말이 더 충격이었다.

"목사님, 암 재발하면 보험금 또 나온답니다."

나는 원래 교회 건축에 관심이 없는 사람이었다. 경험도 많지 않고 체질도 아니라서 부담스러웠다. 가능하면 피하고 싶었다. 하지만 하나님께 기도하면 할수록 교회 건축은 피할 수 없는 사명으로 다가왔고, 하나님께서 이 교회에 주시는 비전이라는 확신이 더욱 선명해져 갔다.

나는 교회 건축을 통해 하나님의 비전이 이루어지는 것을 목격했다. 온 공동체가 비전을 향해 나아가자 하나님은 수많은 장애물을 뛰어넘게 하시고 마침내 이루게 하셨다. 우리는 경산 대평동에 세워진 이 예배당을 비전센터라고 불렀다. 사도행전의 안디옥 교회처럼 개교회의 차원을 뛰어넘어 선교적 사명을 감당하는 선교의 요람이 되기를 기도했다.

행복한 사람들의 행복한 이야기 3

예수님만이 행복의 유일한 열쇠

저는 금융회사 법무팀에서 일하고 있습니다. 저의 주관대로 판단하고 결정하고 생활하며 '나의 삶은 내가 결정한다'는 신념으로 살아왔습니다. 2002년 결혼을 하고 2006년에 딸이 태어나 염창동에서 잘 살고 있었습니다. 주말에는 여행도 가고 즐겁게 생활을 하였습니다. 그러던 2009년 여름 아내가 딸과 함께 한성교회를 다닌다고 하는 것입니다. 염창동에서 신정동까지 바로 가는 버스가 없어서 힘들텐데 주일마다 가는 것입니다. 그래서 제가 차로 태워다 주는 날이 많아졌습니다. 9시 30분에 교회에 내려주고 다시 염창동 가서 30분 정도 더 자고 10시 30분쯤 데리고 오는 생활이 주일마다 반복되었습니다.

이런 생활이 계속되던 2010년 4월쯤 아내와 장모님이 저에게 한성교회 행복한 사람들의 축제에 한번 와보지 않겠느냐고 제안을 했습니다. 집에서 30분 자고 다시 교회로 오느니 나도 거기서 좀 쉬어야겠다는 생각이 들었습니다. 그래서 가벼운 마음으로 그러겠다고 했습니다.

2010년 4월 행복한 사람들의 축제가 시작되었습니다. 교회 예배당에 아내, 장모님과 들어가 맨 끝자리에 앉았습니다. 처음이라 많이 어색했습니다. 담임목사님 설교가 끝나고 담임목사님이 주님을 알고자 한다면 손을 들라고 했습니다. 가슴이 쿵쾅쿵쾅 뛰었습니다. 손을 들까 말까 아주 긴 시간이 흐른 듯 했습니다. 결국 오른쪽 손을 번쩍 들었습니다.

그다음 주부터 교회에 갔는데 한 두 달간은 예배당에 들어와 앉은 순간부터, 특히 찬양할 때 왜 이리 눈물이 나는지요? 더 일찍 주님이 저에게 오실 수 있었는데 왜 이제 저를 구원해주셨는지 감사하면서도 지난날의 죄에 대해서 가슴이 사무쳐왔습니다.

저는 기도했습니다.

"하나님, 저의 죄를 모두 사하여 주시옵고 하나님의 말씀대로 살게 해주십시오."

"하나님, 저의 첫째 딸이 동생을 갖고 싶어 합니다. 여동생을 갖게 해주십시오."

지금은 사랑스러운 둘째가 있어 감사합니다.

"하나님, 둘째가 태어나 집이 비좁아 더 나은 곳에서 살게 해주십시오,"

지금은 한성교회와 가까운 고척동에서 좀 더 넓게 생활하고 있어 감사합니다.

"하나님, 홀로 계시는 어머님이 예수님을 믿어 교회를 다니게 해주십시오."

지금 어머님은 강동구 천호동 근처의 교회에 다니십니다.

"하나님, 저의 형이 방황을 하고 있습니다. 가정을 이루게 하시고 믿음을 갖게 해주십시오."

지금은 오빠가 목사님인 형수와 가정을 이루어 면목동 근처에서 교회를 다니고 있습니다.

"하나님, 제가 승진하여 제가 다니는 회사의 법무팀을 이끌 수 있도록 해주십시오."

지금은 회사에서 부장으로 승진하여 맡은 일에 최선을 다하고 있습니다.

도원욱 담임목사님이 말씀하셨습니다. 우연이란 없다고. 저도 이제 믿습니다. 우연은 없고 이 모든 것이 하나님의 은혜라는 것을. 십여 년 전 저를 만나주신 예수님께서 행복의 유일한 열쇠가 되심을 믿습니다. 그리고 앞으로 저의 삶이 그 예수님의 이름을 전함으로 더 깊어지는 행복을 누리기를 간절히 소망합니다.

___ **성○○ 집사**

4부

A NEW DREAM,
CHALLENGE TO KOREAN CHURCH

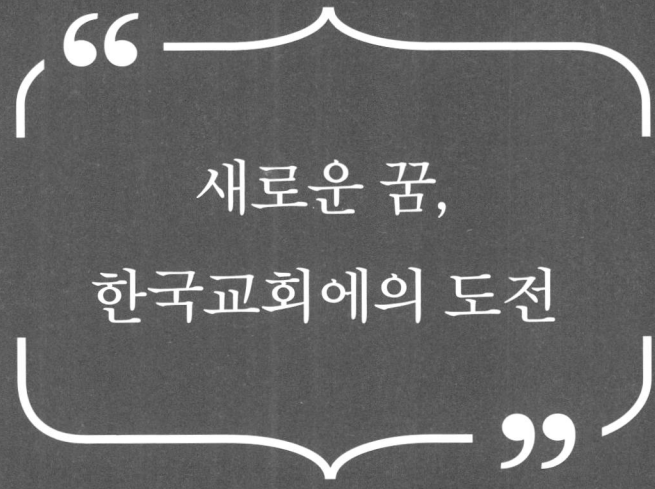

새로운 꿈,
한국교회에의 도전

01

"순수하고 뜨거운 헌신이 있는
이곳에서 다시 한번 도전하리라!"

눈물로 무너져가는
교회를 세우다

부끄러운 고백이지만, 나는 평소 서울에서 목회를 하고 싶은 바람을 갖고 있었다. 하루는 박사과정에 지원하기 위해 서울로 향하고 있었다. 나도 모르게 비행기 안에서 이런 기도를 드렸다.

"하나님, 박사과정을 마치고 나서 서울에서 목회하면 어떨까요?"

하나님은 답을 주시는 대신, 오히려 나에게 물으셨다.

"서울이 그렇게 좋으냐? 생각을 해봐라. 네가 대구에 더 필요한 사람이냐? 아니면 서울에 더 필요한 사람이냐?"

순간 모든 것이 정리되었다. 당시는 서울에서 나를 필요로 하는 사람이 없었지만 대구에서는 그렇지 않았다. 즉시 서울에서 목회하는 꿈을 접었다. 그렇게 서울 목회에 대한 마음을 접고 현재와 분투하던 날들 속에서 뜻밖에 소식이 찾아왔다. 서울 한성교회 담임목사로 청빙을 받은 것이다. 그 시작은 한성교회 박승준 원로목사님(**당시 담임목사**)과의 만남이었다.

    언젠가 교회 성장 프로그램 참석차 미국에 갔을 때였다. 거기서 원로목사님을 처음 뵈었다. 목사님과 일정을 함께하는 가운데 누구보다 친근하게 대해 주셨다. 한국으로 돌아온 후 모임을 만드셨는데, 나를 만나기 위해 일부러 만드셨다고 말씀하실 정도였다.

    청빙이 왔을 당시, 한성교회는 새 예배당 건축을 막 마친 상태였다. 건축으로 인한 교회의 부채가 꽤 있었고 교회 재정이 어려워 부교역자들의 사례비를 몇 개월 동안 주지 못하고 있는 상황이었다. 설상가상으로 여러 잘못된 소문까지 퍼져서, 교회는 안팎으로 심히 어려운 처지에 있었다.

    한성교회의 어려운 상황은 차치하고서라도, 나 역시 여러 사정으로 청빙 요청을 수락하기가 쉽지 않은 형편이었다. 경산중앙교회 건축을 힘겹게 마치고 새로운 부흥에 대한 기대로 부풀어 있을 때였다. 인간적으로 그 기대를 내려놓기란 쉽지 않았다. 아내에게 한성교회 청빙에 관한 이야기를 꺼냈을 때, 아내는 10초 만에 이렇게 대답하고 나가버렸다.

    "목사님, 정신 나갔어요? 지금까지 잘 계시다가 50대 초반에 왜 그런 결정을 하려고 하세요?"

서울로 가지 말아야 할 이유가 너무 많았다. 도저히 제정신으로는 갈 수 없었다. 그럼에도 하나님은 집요하게 내 마음을 두드리시고 압박하셨다. 마침내 나는 모든 것을 주님께 맡기고 순종하기로 결단했다.

"하나님, 갈 수 없는 이유가 어림잡아 20가지가 넘습니다. 그렇지만 아버지의 뜻이라면 거친 길이라도 따르겠습니다. 청빙이 진행되는 동안 한 가지라도 문제가 있으면 멈추겠습니다."

한성교회는 서울 한강 이남을 관통하는 대동맥과도 같은, 남부순환로 대로변에 위치하고 있었다. 그곳에 멋지게 지어진 예배당은 길을 지나는 이들의 시선을 사로잡기에 충분했다.

2009년 5월 한성교회에 부임했지만, 나로서는 당장 할 수 있는 일이 아무것도 없었다. 적극적으로 밀어주는 사람도, 함께하자고 손을 잡을만한 사람도 없었다. 남아있는 성도들의 얼굴엔 답답함과 어두움만이 가득했다.

교회는 매달 재정을 제대로 해결해내지 못했다. 당시 그 명칭만으로는 어떤 것인지 추측하기 어려운 몇 가지 헌금들을 발견했다. 예를 들어 교회사랑헌금, 오병이어헌금 등이 그것이었다. 이 헌금들은 예배당 건축 부채로 인해 한 달 살림살이가 빠듯할 때, 그 부족한 금액을 메꾸기 위해 성도들이 드린 눈물겨운 헌금이었다. 그렇게 한 달 한 달을 버텨나가야 했다.

새벽마다 통곡했다. 이 암울한 현실 속에 내가 할 수 있는 것이 없었다. 헤쳐나갈 자신도 확신도 없었다. 그저 강단을 눈물로 적실 뿐이었다. 매일같이 얼마나 울었던지, 한 성도님이 궁금해하며 이메일을 보내왔다.

"목사님, 왜 그렇게 우세요? 혹시 애를 먹이는 자녀가 있으신가요?"

나는 매일 교회를 위해 하나님께 이렇게 부르짖었다.

"하나님, 이 교회는 원로목사님이나 저의 교회가 아니라 하나님의 교회입니다. 남부순환로를 지나는 수천 대의 차량들이 날마다 이 교회를 보고 있습니다. 한성교회가 하나님의 교회라는 것을 보여주십시오. 하나님의 영광을 드러내는 교회가 되게 해주십시오."

하나님은 나의 눈물을 병에 담으시고 응답하셨다. 가까운 교회로 떠났던 300여 명의 성도들이 다시 돌아오기 시작했다. 문득 원로목사님이 한성교회에 와야 한다며 간곡하게 설득하셨던 세 가지 이유가 떠올랐다.

"첫째로, 경산중앙교회는 다 이루었지만 여기는 아직 이룰 것이 많이 남아 있습니다. 둘째로, 성도들이 목사님의 노고를 기억해 줄 것이니 보람 있는 사역이 될 것입니다. 셋째로, 대구·경북에서 웬만한 성도들은 도 목사님을 거의 알기에 혹 자녀들이 서울로 유학을 오면 한성교회로 올 것입니다."

놀랍게도 원로목사님이 하신 말씀 그대로 이루어졌다. 힘들고 어려운 상황이었지만 시간이 지남에 따라 건강하고 행복한 교회로 세워져 갔고, 그로 인해 큰 보람을 느낄 수 있었다. 처음에는 방관하던 성도들이 노고를 알아주고 하나둘씩 목회의 동역자가 되었다. 특히 대구·경북에서 서울로 유학 온 청년들이 한성교회로 몰려들었다.

실제로 와서 경험한 한성교회는 보면 볼수록 정말 좋은 공동체였다. 오랜 시간 동안 한 번도 다툼이 없이 지도자를 중심으로 똘똘 뭉쳐서 최선을 다하고 있었다. 교회를 사랑하는 성도들의 헌신과 섬김이 있었다. 이는 그동안 쉽지 않은 상황에서 사역해 온 나에게는 큰 감동으로 다가왔다. 나는 한성교회를 가슴에 품고 이렇게 결심했다.

"순수하고 뜨거운 헌신이 있는 이곳에서 다시 한번 도전하리라!"

02

우리는 예배를 통해 하나님을 만나야 한다.

아무리 소망이 없고 상처받은 영혼이라도

하나님을 만나면 회복되고 변화된다.

먼저 예배만 잘 드리자

한성교회에 부임한 후, 처음 몇 주를 보내면서 내린 결정은 '먼저 예배만 잘 드리자'는 것이었다. 성도들은 지쳐 있었다. 교회의 어려움을 떨쳐내려 안간힘을 써왔기에 그야말로 탈진 상태였다.

그래서 예배에만 집중할 수 있게 했다. 감동 있는 예배를 위한 변화라면 주저하지 않았다. 마누라 빼고 다 바꿀 각오로 임했다. 먼저 다소 밋밋하고 생동감이 없는 예배 형식부터 단순하고 간결하게 바꾸었다. 명료한 순서들이 예배의 집중력을 더해주었다.

주일예배의 횟수를 늘렸다. 대예배는 6부까지 만들었다. 주일 성수가 어려운 분들을 위해 주일 저녁 8시 예배도 드렸다. 모든 예배 때마다 각기 다른 찬양팀과 찬양인도자를 세웠다. 개별 찬양팀을 운영하는 데는 재정적인 부담이 있었지만 과감하게 프로 연주자들로 교체하여 전문성을 높였다. '시와그림'의 김정석 목사를 예배인도자로 투입하기도 했다.

광고는 영상으로 전달했다. 불필요한 말을 사전에 점검하고 광고 내용 중에서도 중요한 것만 아나운서가 멘트로 전달하게 했다. 인도자가 구두로 전달하는 것보다 훨씬 세련되었고 시선을 집중시켰다. 심지어 예배 시간이 일정하게 지켜지는 효과까지 있었다.

예배에 대한 피드백을 통해 세심한 부분까지 고치고 개선시켜 나갔다. 그와 함께 나는 혼신의 힘을 다해 설교를 준비했다. 변화는 생각보다 빠르게 나타났다. 예배의 감격을 경험한 성도들이 교회를 떠난 성도들에게 자랑하기 시작했다.

"우리 남은 사람들은 이전에 경험하지 못한 예배의 감격을 누리고 있다!"

그러자 이런저런 이유로 교회를 떠났던 성도들이 소문을 듣고 돌아오기 시작했다. 어느 날에는 주일예배를 마친 후 장로님 한 분이 나를 찾아왔다. 그 분은 나를 끌어안고 울며 이렇게 고백하셨다.

"지금껏 그렇게 교회를 살려보겠다고 백방으로 애써 왔는데, 예배만 잘 드리니까 이렇게 되네요."

사람들이 몰려왔다. 어디서 어떻게 알고 왔는지, 사방에서 교회를 찾아와 예배를 드리고 등록했다. 얼마 되지 않아 장년만 400

명이 더 늘었다. 살아있는 예배의 감동이 우리를 덮었다. 성장의 항해가 시작된 것이다.

> **예배에 실패한 그리스도인은 모든 인생에 실패한 것이다. 그리스도인의 실패는 예배 속에서 하나님의 영광을 체험하지 못할 때 온다.** ― 에이든 토저 Aiden Wilson Tozer

예배를 소홀히 하는 사람치고 바른 신앙 성장을 이루는 사람이 없다. 예배를 가볍게 여기는 사람치고 하나님의 축복을 누리는 사람도 없다. 우리가 하나님께 드릴 수 있는 한 가지가 있다면 그것은 바로 예배다. 신령과 진정으로 예배하는 자만이 온전한 영적 축복과 은혜를 누릴 수 있는 것이다.

> **진정한 예배는 하나님과 만나는 사건이 일어나야 한다.** ― 장 자끄 폰 알멘 Jean Jacques von Allmen

제일 불쌍한 사람이 누구라고 생각하는가? 단연 그는 예배를 통해 하나님을 만나지 못한 사람이다. 하나님께서도 그를 어떻게 하실 수 없기 때문이다. 우리는 예배를 통해 하나님을 만나야 한다. 아무리 소망이 없고 상처받은 영혼이라도 하나님을 만나면 회복되고 변화된다. 우리가 예배 드리는 일에 생명을 걸어야 하는 이유다.

03

우리는 전도를 어려운 일로 여기는 경향이 있다.
하지만 단순하게 예수님과의 만남을 주선하는 것이고,
예수님을 영접하는 것은 그 다음 단계라고 생각하면
훨씬 더 쉽게 전도에 접근할 수 있다.

행복한 사람들이
만드는 행복한 세상

한성교회에 부임한 이후에도 나에게 있어 교회가 나아가야 할 길은 오로지 전도였다. 은혜를 받은 사람은 자기 안에 있는 뜨거운 감격을 그냥 둘 수 없다. 예배를 통해 받은 은혜와 감동은 반드시 전도와 선교로의 부르심으로 이어져야 한다.

부임한 다음 달, 곧바로 전도부를 만들고 본격적으로 전도를 시작했다. 예배를 통해 은혜를 받은 성도들로부터 전도의 열기가 불타올랐다. 전도대원들은 부침개와 전도지를 들고 지금은 3,000세대가 넘는 아파트 대단지가 들어선 신곡시장 앞, 인근 공원과 아파트 단지 등을 누비기 시작했다.

부침개 전도는 탁월했다. 부침개를 먹는 동안은 꼼짝없이 전도대원들의 말을 들을 수밖에 없었다. 예수님이 증거되면서 한성교회도 덩달아 알려지게 되었다. 당시 전도대원 중 한 분은 이렇게 고백했다.

"목사님, 교회 다닐 맛이 나요! 신앙생활이 이렇게 행복한 줄 이제야 알겠어요!"

이듬해인 2010년 3월부터는 '행복한 사람들의 축제'를 시작했다. 한성교회에서 공식적으로 시작하는 첫 번째 전도 집회였기에 마음 한편에 부담이 있었다.

'이곳은 서울인데, 과연 한성교회에서도 경산중앙교회처럼 전도의 열매를 거둘 수 있을까?'

나의 염려는 기우에 불과했다. 경산중앙교회에서 역사하셨던 하나님께서는 한성교회에서도 동일하게 역사하셨다. 복음의 능력은 장소를 가리지 않고 나타났다. 한성교회의 첫 번째 봄 행축에 1,736명이 방문하였고 419명이 결신했다. 그리고 236명이 예수님을 영접하고 교회에 등록했다. 당시 출석하던 성도의 숫자를 감안하면 정말 놀라운 열매였다.

전도는 어디서나 할 수 있다는 것을 다시 한번 확신했다. 전도는 경산에서도, 서울에서도, 심지어 해외에서도 가능한 것이었다. 이런 확신을 나뿐 아니라 모든 성도들도 가지게 되었다. 교회에 방문한 분들이 예수님을 믿겠노라 결단하며 자리에서 일어나는 것을 보면서 온 교회가 큰 도전과 위로, 기쁨을 맛보았다. 모든

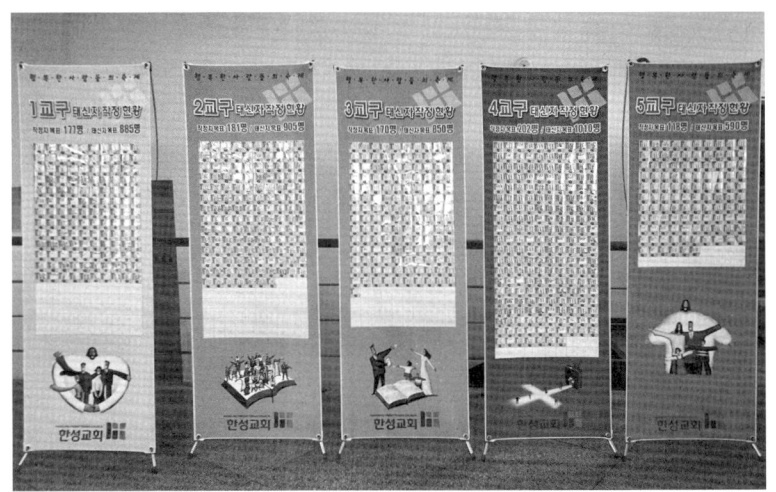

교구별 태신자 작정 현황

성도들이 자신감을 얻고 더욱 전도하는 일에 매진하게 된 것이다.

다음 해인 2011년 봄에는 행복한 사람들의 축제에 일만 명 초청을 선포했다. 이는 한 명이라도 더 많은 사람에게 복음을 들려주자는 취지였다. 허황된 목표처럼 보일 수도 있었지만, 목표를 높게 설정해야 혹 이를 이루지 못해도 그에 버금가는 결과를 얻을 수 있을 거라는 생각이었다. 그 결과 예배당이 터져나갈 듯 많은 인파가 운집했다. 6,623명의 영혼이 방문했고 571명이 결신 초청에 응했다. 그리고 193명이 교회에 등록했다.

2012년 행복한 사람들의 봄 축제에는 3,471명이 방문하고, 410명이 결신, 234명이 등록했다. 그 후에도, 행복한 사람들의 축제는 해마다 주어진 목표들을 꾸준히 달성했다.

행복한 사람들의 축제는 교회의 강력한 성장 동력으로 자리매김했다. 뿐만 아니라 교회 전체가 전도하는 체질로 바뀌게 되었다. 목회자와 성도 모두가 행복한 사람들의 축제를 통해 영적으로 깨어나는 대각성의 은혜를 누렸다.

한성교회는 행복한 사람들의 축제를 통해 결신하고 등록한 성도들로 차고 넘친다. 아내를 따라, 자녀들의 권유로, 직장동료의 성화에 못 이겨 교회의 문턱을 넘었고 예수를 만났다. 그리고 행복한 사람들이 되었다.

우리는 전도를 어려운 일로 여기는 경향이 있다. 하지만 단순하게 예수님과의 만남을 주선하는 것이고, 예수님을 영접하는 것은 그 다음 단계라고 생각하면 훨씬 더 쉽게 전도에 접근할 수 있다. 믿지 않는 사람들을 교회로 인도하는 것만으로도 전도의 능력은 놀랍게 나타난다. 영혼을 구원하는 것은 하나님의 일이기 때문이다. 하나님이 계획하시고 하나님이 이루시는 그 일에, 우리는 그저 수종들 뿐이다.

새로운 꿈, 한국교회에의 도전

04

청년들을 다시 돌아오게 하기 위한 방법은 역시
전도밖에 없다. 암흑과 같은 세상 속에서 방황하는
청년들이 예배의 자리에 나올 수 있도록 도와야 한다.

70명에서
1,000명으로

수많은 헌신적인 부교역자들이 나와 함께 해왔다. 어떻게 그들이 나와 함께 할 수 있게 되었는지, 모든 것이 다 하나님의 은혜고 내게 주신 감사한 복이다. 모든 부교역자들이 다 훌륭했지만, 그중 청년 사역자 권기웅 목사는 탁월했다. 한국에 청년 사역을 잘하는 목회자가 많지만, 내게는 단연 권 목사가 최고였다. 그가 한성교회에 있는 동안 나는 주일 5부 청년예배 설교를 전적으로 그에게 맡길 정도로 신뢰하였다.

그와의 첫 만남은 아양교회 청년부에서 시작되었다. 청년 사역 시절의 제자였는데 경산중앙교회로 따라와 부교역자로 함께 사역했다. 그는 강력한 리더십을 바탕으로 청년부를 폭발적으로 성장시켰다. 경산중앙교회의 갈릴리 청년부는 그를 중심으로 대구·경북을 선도하는 청년 공동체로 성장했다.

경산중앙교회를 사임하고 한성교회로 이임할 무렵의 일이다. 권 목사가 나를 찾아오더니 이렇게 물었다.

"목사님, 다른 교역자들은 서울로 데리고 가시면서 왜 저에게는 함께 가자고 하지 않으십니까?"

나는 그를 부르지 않은 것이 아니었다. 안쓰러워 말을 하지 못한 것이었다.

"넌 이미 이곳 청년부 사역이 어느 정도 궤도에 올라와 있잖아. 서울 가면 고생한다."

"목사님, 저도 가고 싶습니다."

"잘 생각해야 한다. 나를 따라 서울로 가면 여기와는 비교도 안 되는 청년부를 맡아 처음부터 고생을 다시 해야 해. 힘들 수 있으니 진지하게 고민해보고 기도해보고 와라. 그때 다시 이야기하자."

그러자 권 목사는 조금의 망설임도 없이 부리부리한 눈망울로 이렇게 말했다.

"목사님, 이게 어떻게 기도할 일입니까? 당연히 가야죠. 저도 목사님과 함께 가겠습니다."

그의 말은 나의 심금을 울렸다. 그는 12년 동안 함께 뒹굴었던 청년들을 뒤로하고 나와 함께 서울로 올라왔다.

어려운 시간을 통과하면서 당시 한성교회 청년부는 매우 미약한 상태에 있었다. 흩어진 청년들을 모으니 대략 70명 정도였다. 권 목사는 청년들이 몰려들게 될 것이라는 원대한 꿈을 가지고 예배에 집중하였다. 그가 인도하는 강력한 예배는 변화를 일으켰다. 그러자 청년들이 마음의 문을 열고 권 목사를 따르기 시작했다. 그는 새벽마다 포효하듯 부르짖어 기도했다.

"하나님, 절대로 포기하지 않겠습니다. 지금은 혼자지만 한성의 청년들이 복음으로 서울 땅을 덮게 하소서."

권 목사는 아무도 도와주는 사람 없이 혼자 전도를 나가기 시작했다. 무거운 테이블을 승용차에 싣고 지하철역과 캠퍼스를 다니며 복음을 전했다. 가는 곳마다 쫓겨났기에 포기할 법도 했지만 멈추지 않고 계속 전도했다.

그러던 어느 날, 캠퍼스 앞에서 전도하던 권 목사를 교회 청년 한 사람이 우연히 만났다. 아마도 그 청년은 권 목사가 매일같이 전도를 나온다는 것을 잘 몰랐던 모양이다. 그 청년은 땀을 뻘뻘 흘리면서 요구르트를 가지고 전도하는 목사님을 보고 감동을 받았다. 그날 이후로 권 목사에게는 동역자 한 사람이 생겼다. 그 일이 기점이 되어, 시간이 지날수록 권 목사의 전도 현장에 동참하는 청년들이 하나둘씩 늘어갔다.

권 목사를 중심으로 청년들은 열심히 전도했다. 그들은 길거리에서 설문지를 돌리고 연락처를 받아왔다. 그리고 주일이 되기

전 받아온 연락처들을 하나하나 점검하며 전화하는 방식으로 교회 초청을 해나갔다.

처음에는 큰 변화가 없었다. 그러나 놀랍게도 그 시간들이 쌓이고 나니 어느 순간부터 주일마다 70명씩 청년 새가족들이 교회로 몰려오기 시작했다. 매주 70명씩 새가족들이 온다는 건 놀라운 일이었다. 그 청년들이 다 어디서 나왔는지 궁금할 정도였다.

길거리에서 받은 연락처로 초청을 받은 청년들은 처음 와본 교회가 어리둥절할 법도 했겠지만 한성교회의 강력하고 감동이 있는 예배에 은혜를 받았다. 그래서 그들 중 많은 수가 청년부에 남았다.

이렇게 매주 많은 청년들이 방문하고 그들 중 상당수가 예배에서 은혜를 받아 교회 생활을 결심하는 패턴이 반복되었다. 대구·경북에서 경험했던 청년 사역의 부흥이 이곳 서울에서도 재현되기 시작했다. 처음에는 패잔병 같았던 70여 명의 청년부가 어느새 1,000석이 넘는 본당을 가득 채워 뜨겁게 예배하는 공동체로 성장했다.

목회를 잘한다는 것은 어떤 프로그램 같은 별도의 방법에 달린 것이 아니다. 목양의 원리는 청년 사역에도 동일하게 적용된다. 한 영혼을 예배의 자리로 이끌기 위해 씨름하고 자신의 삶을 던질 때 부흥할 수 있는 것이다.

내가 가르친 청년 리더들은 새벽마다 집 앞에서 고함을 쳐서라도 지체들을 깨워 새벽기도에 나오게 했다. 그리고 주일에 늦게 일어나는 청년들이 예배에 빠지지 않게 하기 위해 아침부터 전화통에 불이 나도록 연락해서 잠을 깨웠다. 스스로 교회로 발걸음할 의지가 없는 청년들을 위해서는 강제로라도 데려오기 위해 섬김이들을 보냈다.

청년부는 장년부와 함께 폭발적으로 성장을 거듭했다. 청년들은 새벽마다 강단에 올라와 본당이 떠나갈 듯한 큰 소리로 부르짖어 기도했다. 또 금요성령집회 시간마다 청년들은 가장 앞자리를 점거하다시피 하면서 뜨겁게 찬양하고 기도하며 은혜를 받았다. 청년이 살아 있는 교회를 목회하는 것은 큰 기쁨이자 축복이었다.

안타깝게도 최근 한국교회는 많은 청년들이 점점 떠나가는 추세이다. 청년이 없는 교회는 그 미래를 꿈꾸기 어렵다. 전도만이 청년들을 다시 돌아오게 하기 위한 유일한 방법이다. 암흑과 같은 세상 속에서 방황하는 청년들이 예배의 자리에 나올 수 있도록 도와야 한다. 그리고 예배에서 변화를 받은 청년들이 세상에서 선교적인 삶을 살아가도록 해야 한다. 이를 위해 청년 사역자들과 리더들은 오늘도 눈물로 기도하며 씨를 뿌려야 한다.

05

성령님이 일하시면 언어가 달라도 복음을 받아들이게

할 수 있다는 것을 나는 분명히 목격했다.

순전한 마음과 구령의 열정이면 충분했다.

하나님의 눈물이
흐르는 땅, 몽골

　한성교회로 옮긴 이후, 동계 선교지를 물색하다 문득 몽골이 떠올랐다. 몽골과는 특별한 관계가 있었다. 경산중앙교회를 섬기던 초임 시절, 선교지 결정에 힘쓸 무렵이었다. 위원회를 만들어 비교적 가까운 거리의 선교지를 찾고 있었고, 심사숙고 끝에 결정된 땅이 바로 몽골이었다. 너무 생소했지만 그곳을 선교지로 삼았다. 선교사 선정을 위해 신문에 공고까지 냈지만 척박한 곳이라 지원자가 없었다.
　처음 선교담당자들과 찾았던 그 땅을 생각하면 지금도 가슴이 뭉클하다. 우리가 타고 간 비행기는 활주로가 짧은 탓에 거친 공항 바닥에 튕기듯 착륙했다. 현지 공항에서 밖으로 나서자 그곳에 흐르는 하나님의 마음, 눈물이 느껴져 모두가 숙연했다. 그렇게 시작된 몽골 선교는 지금까지도 이어지고 있다.

매년 여름이면 그 땅에는 '나담 축제'가 열렸다. '나담 축제'는 몽골 전역에서 열리는 전통 체육 경기 축제로서, 풍요를 기원하는 종교적 제사 후에 운동을 했던 전통에서 유래된 것이었다. 우상숭배에 뿌리를 둔 축제가 열리는 시기에 우리는 늘 선교를 위해 몽골로 갔던 셈이다.

우리는 가능하면 수도인 울란바토르와 떨어진 도시에서 사역했다. 한 주간을 이 모양 저 모양으로 전도한 후, 함께 모일 수 있는 공간을 마련하여 원색적인 복음을 전하고 콜링하는 방식이었다. 그렇게 얻은 결신자들을 현지 교회로 연결해주었다.

그렇게 여름 선교에 힘을 쏟던 중, 문득 몽골은 1년 중 7개월이 겨울인데 겨울에 선교를 오면 어떨까 고민하기 시작했다. 그 과정에서 수도 울란바토르 한가운데에 있는 큰 공연장을 빌릴 수 있게 되었고, 처음으로 1월 겨울 선교를 시작하게 되었다.

모두가 회의적이었다. 몽골의 1월은 영하 40도의 살인적인 추위가 몰아치는 시기였기 때문이다. 심지어 선교사님들도 대부분 사역지를 빠져나가 버리는 시기가 바로 1월이었다. 호텔은 텅텅 비어 '원 플러스 원' 행사를 하고 있었고, 간간이 겨울 몽골의 사진을 담는 작가들만이 찾아오는 시기였다.

몽골은 난방을 위해 대부분 갈탄을 사용했다. 그래서 겨울의 몽골은 도시 전체가 검은 연기로 가득했다. 여행자들이라면 정상 활동이 불가능한 계절이었다. 이런 어려움 속에 첫 번째 몽골 선교가 하나님께 드려졌다.

우리는 4,000석의 홀을 대여했다. 200인치 대형 LED 스크린까지 설치하고 몽골 찬양팀 섭외도 마쳤다. 한 주간 내내 살을 에는 듯한 추위 속에서도 성도들은 몽골 시내를 누비며 전도지를 돌렸다. 현지 교회들도 함께했다.

전도 집회가 열리는 목요일이었다. 잊을 수 없는 날이다. 그날 저녁도 기온은 거의 영하 40도에 육박하는 추운 날씨였다. 현지 선교사뿐 아니라 주변 모든 사람들이 집회를 앞두고 크게 걱정하는 눈치였다. 혹한에 대규모 전도 집회를 한다는 것 자체가 너무나 무모한 일이었기 때문이었다.

한때 한국의 아이돌 그룹도 같은 장소에서 공연을 열었지만, 좌석을 다 채우지 못했다고 한다. 세계적으로 유명했던 한국의 목회자도 이곳에서 집회를 열기 위해 많은 공을 들였지만, 전체 좌석의 1/4를 넘기지 못했다고 했다. 같이 있던 사람들은 한결같이 200-300명만 모여도 대성공이라고 입을 모았다.

나는 집회가 열리기 하루 전인 수요일 저녁에 미리 현지에 도착하여 기도로 준비했다. 당시 몽골선교교회 수요예배 후 진행되었던 기도회는 아직도 생생하다. 기도회는 무려 2시간 넘도록 뜨겁게 진행되었다. 그 기도회 속에 하나님은 함께하셨고, 나는 그

분께 물었다.

"하나님, 이렇게 빚이 많은 우리 한성교회가 1억 가까운 비용을 들여가며 이 한겨울에 아무도 찾지 않는 상상을 초월하는 추위 속에 전도 집회를 하는 것이 옳은 일일까요? 한편으론 두렵습니다. 하나님, 저는 사람을 모으고 대형집회로 이름을 내고 싶어서 온 것 아닙니다. 저 그런 스타일 아닌 것 아시잖아요. 전 지금의 교회로도 족합니다."

하나님께서는 나를 깨닫게 하셨다.

"이 땅에 갈급한 영혼들이 많다. 그들의 수요가 얼마이든 한 영혼의 가치는 천하보다 귀한데 무얼 걱정하느냐?"

그 순간 확신이 몰려왔다. 그렇게 시작된 저녁 집회였다. 숙소에서 묵상을 마친 후 현장에 도착해보니 그 맹추위 속에 공연장 앞은 인산인해를 이루고 있었다. 집회 시작 30분 전에 이미 4,200석 자리는 만석이었고, 공연장 바깥에도 1-2천 명이 기다리고 있었다.

우리는 준비해 간 여러 가지 프로그램을 진행하고 현지 사역자의 동시통역으로 메시지를 선포한 후 구원 초청을 하였다. 우리가 파송한 선교사는 몽골의 불안한 정치 상황과 사람들의 거친 성격을 우려하며 구원 초청만큼은 피해달라고 신신당부를 했다. 꼭 하고 싶다면, 손만 살짝 들면 좋겠다고 했다. 그런데 나는 그의 당부를 깜박하고 말았다.

깜박하고 한 구원 초청에 수천 명이 눈물을 흘리면서 일어섰다. 통역이 잘못된 줄 알고 다시 앉게 했다. 그러나 다시 해도 결과는 똑같았다. 집회는 감격 속에 끝났지만, 밖에서 대기하던 사람들을 위해 계획에 없던 집회를 다시 열었다.

누가 몽골을 우회 선교지로 분류했던가. 몽골에서는 복음을 직접적으로 전하기보다는 컴퓨터, 태권도 등과 같은 간접 전도를 해야 한다는 말을 많이 들어왔다. 그러나 우리는 전혀 다른 경험을 했다. 원색적으로 복음을 선포했고, 마치 익은 벼 이삭들이 낫에 잘려 나가듯 참석자들이 복음 앞에 무릎을 꿇었다. 그 척박하고 곤고한 땅에 하나님을 향한 갈망들이 켜켜이 쌓여 있었던 것이다. 하나님은 그날 그곳에서 일하고 계셨다. 현지인도 현지인이지만, 그곳에 참여한 우리 성도들이 더 큰 충격과 은혜를 받았다. 몽골 사람들이 집단으로 하나님께 돌아오는 회심의 장면들을 보며 우리 성도들은 자리에서 미친 듯이 뛰고 흥분했다.

교회와 성도들은 예수님의 제자로서, 하나님의 심판을 전하는 파수꾼의 사명을 받았다. 파수꾼은 깨우치는 사람이며, 동시에 경고하는 사람이라는 뜻이기도 하다. 복음의 파수꾼들은 영적으로 어두움에 빠진 사람들을 가르쳐 일깨우는 일을 해야 한다. 지옥에 갈 영혼들에게 예수님과 천국의 영생을 소개해야 할 책임이 있는 것이다.

몽골 선교에 함께하셨던 한 장로님은 몽골인들에게 한국말로

전도하셨다. 언어는 달랐지만 그 전도의 노력은 놀랍게도 결실을 맺었다. 성령님이 일하시면 언어가 달라도 복음을 받아들이게 할 수 있다는 것을 나는 분명히 목격했다. 순전한 마음과 구령의 열정이면 충분했다.

우리는 복음을 들려줌으로서 사람들을 깨우칠 수 있다. 사실 우리가 할 수 있는 것은 복음을 들려주는 것까지이다. 그들을 구원하는 것은 우리가 아니라 하나님이 하실 일이기 때문이다. 하나님은 오늘도 우리를 복음의 파수꾼으로 세우시고 하나님의 말씀을 전하기를 원하신다. 하나님의 때에 말할 줄 아는 지혜로운 파수꾼이 되자. 땅끝까지 말씀을 붙들고 달려가자. 복음은 구원을 주시는 하나님의 능력이다.

06

우리가 기도할 때 하나님은 역사하신다.
어둠은 물러가고, 질병은 회복된다. 나를 힘들게
했던 어려운 문제들이 풀리는 역사가 있다.

한국교회가 주목하는 예배

1960-80년대의 한국교회는 한창 불이 붙어 있었다. 산골짜기마다 기도하는 소리로 가득했다. 교회마다 기도의 불길이 타오르던 시절에는 전통적인 무속신앙이나 불교는 맥을 못 추었다. 그러나 어느 때인가부터 한국교회는 영적 무기력에 빠지기 시작했고, 여러 가지 이유로 기도가 끊기기 시작했다. 이제는 영적 상황이 역전되어 교회가 온 사방에서 그 영향력을 잃어가고 있다.

교회마다 철야기도회로 활발히 모일 수 있다면 꺼져가는 기도의 불씨를 살릴 수 있는 희망이 있지 않을까. 기도의 불은 얼마든지 다시 타오를 수 있다.

대부분의 교회들은 금요집회에서 설교는 길게, 찬양도 길게,

기도는 그저 적당하게 시간을 분배하는 경우가 많다. 그러나 한성교회는 적어도 40분 이상을 전적으로 기도에 힘쓴다. 기도에 대한 시간 분배만 봐도 정체성이 분명한 모임임을 알 수 있다. 그래야 기도회라는 이름에 걸맞지 않겠는가?

금요성령집회를 찾는 사람들은 기도 맛을 아는 사람들이다. 나는 이 금요성령집회를 찾은 예배자들이 마음껏 부르짖으며 기도할 수 있도록 돕고 싶었다. 적어도 이 시간만큼은 그 누구의 시선도 의식하지 않고 깊은 기도 가운데로 들어갈 수 있는 현장을 만들고 싶었다. 이 시간을 통해 놀라운 간증의 이야기들이 넘쳐날 수 있기를 바랐다.

그래서 기도회를 인도할 때 특별히 성도들이 개인 기도에 비중을 두게 했다. 물론 나라와 민족을 위한 기도도 할 수 있을 것이다. 하지만 분주한 현대인들의 삶을 돌아보면 자신의 문제를 하나님 앞에 가지고 나와 씨름할 시간이 절대적으로 부족하다. 적어도 금요일 밤, 이 시간만큼은 각자 절박한 상황을 안고 하나님 앞에 나온 성도들이 개인 기도에 집중할 수 있도록 돕고 싶었다.

그들이 육신의 안식과 잠을 뒤로하고 나온 만큼 충분한 심령의 토로를 할 수 있도록 기도회를 인도했다. 그래서 보통 찬양하고 기도하며 이어지는 기도회에서 때로는 한 번의 기도 시간을 20-30분씩 끊지 않고 이끌기도 했다. 개인의 문제, 그 기도 제목만을 놓고 통성기도로 하나님 앞에 부르짖을 수 있게 하기 위해서였다. 성도들은 긴 호흡의 기도 속에서 하나님의 도우심을 구하며 뜨겁게 부르짖었다.

그렇게 한성교회의 금요성령집회는 어느덧 한국교회가 주목하는 예배가 되었다. 과거 경산중앙교회 금요집회 때마다 인근 지역에서 인파들이 몰려왔던 것처럼 한성교회 금요성령집회는 매주마다 화제가 되고 있다. 한 기관의 조사에 따르면 금요성령집회 관련 유튜브 영상의 조회 수가 국내 교회 콘텐츠 중 1위를 기록하기도 했다.

최근까지도 특히 여름과 겨울 방학 때가 되면 전국 각지의 교회로부터 은혜를 사모하는 청소년들과 청년들이 한성교회로 찾아와 함께 예배를 드렸다. 그 시기가 되면 예배가 시작되기 한참 전부터 본당이 이미 가득 차곤 했다.

청소년들과 청년들이 금요 철야의 시간에 온다는 것은 흔치 않은 일이다. 청소년들은 공부의 무게에 지쳐 있을 시간이고, 청년들은 이른바 '불금'을 즐길 때이다. 하지만 그들이 여러 가지 유혹을 뒤로하고 금요성령집회로 발걸음하는 가장 큰 이유 중의 하나는 바로 찬양이다.

한성교회 금요성령집회의 찬양 시간은 특별하다. 찬양 시간의 흐름을 결정짓는 중요한 척도는 바로 '콘티'이다. 콘티를 어떻게 준비하느냐에 따라 찬양의 색깔이 바뀐다. 그래서 콘티를 구상하는 일은 언제나 어렵다. 회중에게 익숙한 곡을 할 것인가, 최신의 트렌드를 반영할 것인가. 두 가지를 모두 고려하다 보면 이도 저도 아닌 콘티가 되기 십상이다.

나는 과감하게 최신의 트렌드를 반영할 수 있도록 지원했다. 동시대의 음악은 록 비트에서 테크노, 일렉트로닉에 이르기까지 다양하다. 금요성령집회의 찬양은 문화의 옷을 입고 오늘날 청중의 입술을 열게 할 수 있었다. 전문적이고 세련된 밴드 합주는 무빙 색상 조명 그리고 무대 안개(헤이즈)와 함께 집중력 있는 분위기를 만들어주었다.

현대의 감성을 녹여낼 수 있는 환경 위에 그야말로 찬양인도자들이 긴 호흡으로 뛰어놀 수 있도록 자유를 주었다. 찬양 시간은 보통 35-40분 가까이 주어졌다. 주일예배 찬양 시간이 10-15분이라는 점을 감안하면 매우 긴 시간을 편성한 것이다. 그야말로 원 없이 마음껏 찬양하라는 의도였다. 평소 짧은 찬양 시간 속에서 구현하지 못했던 것들을 담을 수 있도록 주문했고, 특별히 찬양을 통해 성령의 임재를 경험할 수 있도록 찬양인도자들에게 당부했다.

한성교회 금요성령집회 찬양 시간에는 자작곡에서부터 최신 찬양에 이르기까지 다양한 범주를 다루게 했다. 그러다 보니 때로는 청년과 청소년들이 아닌 분들은 다소 찬양하기 어려운 콘티가 될 때도 있었다. 하지만 이러한 자유는 한성교회 금요 찬양이 한국교회 찬양의 트렌드를 이끌어갈 수 있는 바탕이 되었다.

무엇보다 감사한 것은 정말 많은 귀한 찬양인도자들이 기쁜 마음으로 우리 한성교회와 함께 했다는 것이다. 하나 같이 한국교회에서 사랑받는 찬양인도자들이 어떻게 한성교회에 모이게 되었을까? 지금 생각해 보면 정말 큰 복이 아닐 수 없다.

무엇보다 감사한 것은, 귀한 찬양인도자들이 기쁜 마음으로 우리 한성교회와 함께하고 있다는 것이다. 이미 전국구 찬양인도자가 된 김윤진 간사와 한성교회에서 나고 자란 박지현 전도사를 비롯해 유승아 전도사, 임송현 전도사까지…. 하나같이 한국교회에서 사랑받는 찬양인도자들이 어떻게 한성교회에 모이게 되었을까? 지금 생각해 보면 정말 큰 복이 아닐 수 없다.

지금뿐만 아니라 지나온 시간들도 그랬다. '시와그림'의 김정석 목사, '이커브미니스트리'의 정신호 목사, '윈드워십'의 이성재 목사 등 당대 최고의 찬양인도자들이 한성교회의 금요성령집회 찬양 시간을 수놓았다.

지금도 한성교회 금요성령집회 찬양 콘티는 각 교회의 예배 콘티의 샘플이 되고 있다. 그야말로 매주 한국교회를 섬길 수 있는 예배로 거듭났다.

금요성령집회의 찬양과 말씀은 그날의 기도에 그 초점을 맞추고 있다. 모든 것은 기도에서 시작된다. 승리도, 문제 해결도, 복을 받는 것도, 사랑하는 것도 그렇다. 우리가 기도할 때 하나님은 역사하신다. 어둠은 물러가고, 질병은 회복된다. 나를 힘들게 했던 어려운 문제들이 풀리는 역사가 있다. 실제로 하나님 앞에 엎드리는 시간에 영적 판도가 바뀐다.

> 그러므로 우리는 긍휼하심을 받고 때를 따라 돕는 은혜를 얻기 위하여 은혜의 보좌 앞에 담대히 나아갈 것이니라 **히브리서 4:16**

하나님 앞에 기도로 엎드리면 하나님이 일을 시작하신다. 간절한 마음으로 그분의 은혜를 구하는 기도의 불길이 계속해서 타올라야 한다.

행복한 사람들의 행복한 이야기 4

기쁨과 감동이 가득한 삶으로

저는 한의원을 운영하며, 흔히 말하는 FM적인 삶을 살려고 노력하는 사람이었습니다. 그런 까닭에 다른 사람들의 질책과 험담을 받지 않으려고, 미리 더 많이 노력했습니다. 하지만 역설적으로 아내와 아이들의 작은 잘못에는 너무나 엄격하게 질책하고, 가끔 마음 없는 호의를 베풀어주는 정도의 사람이 되어 버렸습니다.

아내는 이런 저의 모습에 거리감을 느끼며 불안해했으며 아이들은 더 마음을 닫아버리고 말았습니다. 하지만 아내는 이런 남편을 위해서 기도했고, 아내의 간구로 하나님께서는 저를 만나주셨습니다. 이제는 전혀 다른 모습을 살아가는 저를 발견하게 되었습니다.

하나님을 믿기 전까지 종교는 의지가 부족한 사람들의 피난처라고만 생각했습니다. 저는 먼저 교회에 나간 아내와 아이들 때문에 황금 같은 일요일이 없어지는 것이 정말 싫었습니다. 교회에 같이 나가자는 아내의 말은 당연히 귀에도 들어오지 않았습니다. 결혼기념일 선물로 한 번만 교회에 같이 갈 수 없냐는 아내의 말에 인심 쓰듯 교회에 한 번 나가기로 했습니다.

교회에 간 저는 삐딱한 자세로 앉아있었고 내키지 않는 마음이 계속 들었습니다. 아내는 눈감고 무언가 중얼거리면서 계속 울고 있었습니다. 그 순간 저는 분노가 치밀었고 집으로 돌아가려고 했습니다. 왜냐하면 아내를 울게 만드는 나쁜 남편으로 주변에 알려지게 되었다고 생각했기 때문이었습니다.

그러나 하나님은 예배 중 말씀을 통하여 저의 마음을 어루만져 열어 주셨습니다. 예수님을 따라가는 인생으로 바꿔주셨습니다. 예수님을 영접한 후 거래처 청년을 처음 전도하면서, 같이 교회 의자에 앉았는데, 갑자기 저에게도 주체할 수 없는 눈물이 쏟아졌습니다. 저를 교회로 이끌어준 아내의 눈물을 이해하게 된 순간이었습니다.

저는 항상 걱정이 있었습니다. 이렇게 열심히 살았는데 혹시

자다가 죽는 건 아닌지, 사고가 나서 죽게 되는 것은 아닌지, 마음 속 깊은 두려움이 있었습니다. 하지만 신앙생활을 하면서 죽음의 두려움에서 벗어나게 되었고 더 자유로워졌으며 자신감 있는 사람으로 바뀌었습니다.

미래에 대한 막연한 불안감은 어느덧 사라지고 감사한 마음이 많아졌습니다. 저의 인생길은 어려움과 고통으로 삭막한 삶이 아니라 기쁨과 감동이 많아지는 삶이 되었습니다.

이제 저는 아내와 믿음의 교제를 할 수 있습니다. 항상 같은 곳을 바라보고 이야기하게 되었습니다. 아내는 저의 가장 소중한 친구이자 동역자가 되었으며 아이들과는 마음을 주고받으며 같이 즐거워하고, 같이 고민해주는 관계가 되었습니다. 예전에 내 인생은 나의 것이었으나, 이제 내 삶은 하나님의 것이 되었습니다.

만약 하나님께서 저를 만나주시지 않았다면 저는 아마도 중년의 무기력과 상실감으로 살아가고 있을지 모릅니다. 제가 하나님을 주님으로 고백하고 영접한 그 시간 이후로 저의 마음속에는 행복한 감사의 마음이 가득 채워지고 있습니다. 그리고 이제는 이 행복을 전하는 삶을 살기 위해 노력하고 있습니다. 주위의 모든 사람을 전도하고 국내외 선교를 통해 전도하면서 그 무엇과도 바꿀 수 없는 하늘의 기쁨을 누리고 있습니다.

___ **전○○ 안수집사**

5
부

THE CALLING OF THIS ERA,
GOD'S DREAM

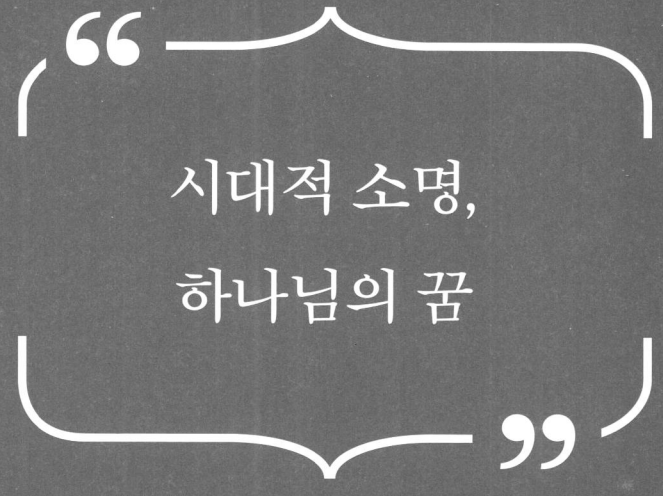

"시대적 소명,
하나님의 꿈"

01

한성교회는 앞으로 더 활발하게, 다양한 방법을 찾아
비대면 전도와 선교 사역을 시도해나갈 것이다.
전도는 교회의 목적이요, 존재 이유이기 때문이다.

하고 싶은 일,
해야 할 일

　국제 구호 활동 전문가인 한비야 씨는 지구를 세 바퀴 반이나 걸어서 여행한 것으로 유명하다. 그와 관련해 출판된 몇 권의 책들이 금세 베스트셀러에 올랐을 만큼, 그녀의 이야기 또한 우리에게 친숙하다. 한비야 씨는 평생 그렇게 하고 싶은 일을 하면서 살다가 40대 후반에 정말 해야 할 일을 찾았다. 여행 중 난민들과의 만남을 계기로 난민 구호 활동에 투신하게 된 것이다. 이 결심과 관련하여 한비야 씨는 다음과 같은 고백을 남겼다.

　'지금까지는 하고 싶은 일을 했지만, 이제는 해야 할 일을 하려 한다.'

　이후로 그녀는 국제 구호 개발기구인 '월드비전'의 긴급구호

팀장으로 일하면서 전 세계의 수많은 어려운 지역에 도움을 주고 있다.

하고 싶은 일을 하면서 사는 인생도 나쁘지 않다. 이른바 '버킷리스트'를 정해 놓고 하나씩 지워가며 사는 인생도 그런대로 괜찮을 것이다. 하지만 그리스도인의 경우는 다르다. 그리스도로 인해 새 생명을 얻은 우리 모두에게는 이른바 살아야 할 이유, 즉 사명이 있다. 구원받은 것이 끝이 아니다. 우리는 구원받은 사실에 안주하고자 하는 영적 게으름을 벗어나, 하나님께서 주시는 비전의 길로 나아가야 한다.

비전과 욕심은 다르다. 과도한 욕심으로 인한 스트레스는 우리 몸과 마음을 병들게 한다. 그렇지만 하나님의 비전은 우리를 건강하고 행복하게 한다. 자신이 해야 할 일이 무엇인지 알고 있는 사람은 행복해지기 때문이다.

사람은 하고 싶은 일을 할 때보다, 해야 할 일을 할 때 더 행복하다. __ 장 그르니에 Jean Grenier

그렇다면 어떤 상황에서도 그리스도인으로서 해야 할 일은 무엇일까? 바로 복음을 전하는 일이다. 이것은 이 땅에 세워진 교회의 대사명(**The Great Commission**)이기도 하다. 사실 하나님의 마음은 온통 여기에 쏠려있다.

> 그러므로 너희는 가서 모든 민족을 제자로 삼아 아버지와 아들과 성령의 이름으로 세례를 베풀고 내가 너희에게 분부한 모든 것을 가르쳐 지키게 하라 볼지어다 내가 세상 끝날까지 너희와 항상 함께 있으리라 하시니라 **마태복음 28:19-20**

    잃어버린 영혼을 찾는 것은 선택하고 말고의 문제가 아니다. 그것은 교회의 존재 이유이며, 우리가 마땅히 해야 할 일이다. 내가 만난 예수, 내가 경험한 복음, 그 복음으로 인한 행복을 혼자만 누리지 말고 주변에, 그리고 먼 곳에 전파해야 한다. 만약 내가 하고 싶은 일만 하다 그분 앞에 서게 된다면 어떨까? 아마도 유구무언(有口無言)일 것이다.

    지난 2020년 초, 한국 사회 전체에 큰 어려움이 휘몰아쳤다. 코로나19의 대유행이 찾아온 것이다. 코로나의 도래로 빚어진 사태는 사회와 교회 모두에게 엄청난 파고를 몰고 왔다. 세계적인 기업들이 도산하기 시작했고 개인 사업은 끝을 알 수 없는 어려움에 봉착했다. 교회 역시 현장 예배를 제한당하는 초유의 사태에 직면하게 되었다.

    나는 코로나19가 대유행을 시작한 2020년에도 어김없이 봄 행축을 향해 성도들을 이끌었다. 그 과정 가운데 많이 들었던 말들이 있다.

    "목사님, 이 코로나 시국에 무슨 전도입니까?"

"교회에 가는 것조차 어려운데 전도가 되겠습니까?"

행축을 하는 것에 부정적인 의견들이 많이 있었지만, 그럼에도 예정대로 진행했다. 코로나 시국에 행축을 강행한 것은 교회 성장을 위한 욕심 때문이 아니었다. 교회가 반드시 해야 하는 복음 전도를 하지 말아야 할 어떤 이유도 찾을 수 없었기 때문이었다.

눈을 들어 주변을 살펴보면 못할 이유가 하나도 없었다. 코로나 시국이라고 하면서도 사람들은 나름대로 생활을 위한 일들을 다 하고 있었다. 휴가지에는 사람들이 가득했고, 위험을 감수하면서도 외식은 즐겼다. 위로를 찾아 산으로 들로 다니는 인파들이 있었고, 대형 쇼핑몰에는 발 디딜 틈이 없기도 했다. 우리는 예정대로 행축을 진행했다. 모든 방역수칙을 지키며 진행해야 했기에 가용한 예배 좌석이 제한되는 어려움도 있었다. 그럼에도 전도는 가능했다. 코로나의 두려움 속에서도 2020년 봄 행축에는 1,751명이 방문했고 257명이 교회에 등록했다. 단순히 이 시국에도 행축을 멈추지 않았다는 위안을 넘어서는 결과였다. 해야 할 일은 그냥 하면 된다는 교훈을 얻을 수 있었다.

그 결과 해야 할 일은 그냥 하면 된다는 교훈을 얻을 수 있었다. 코로나의 두려움 속에서도 2020년 봄 행축에는 1,751명이 방문했고 257명이 교회에 등록했다. 방역수칙을 지키며 진행해야 했기에 가용한 예배 좌석이 제한되는 어려움이 있었다. 그럼에도 전도는 가능했다. 단순히 이 시국에도 했다는 위안을 넘어서는 결과

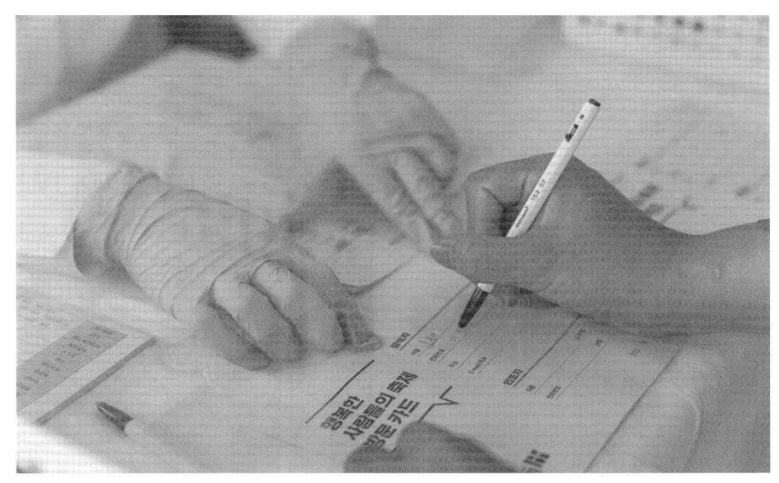

였다.

모든 행동은 생각에서 시작된다. '못한다', '안된다'는 생각은 언뜻 합리적으로 보일지 모르나 인간의 이성을 근거로 한 결론에 지나지 않는다. 우리의 고정관념을 깨고 하나님께서 함께하신다는 생각으로 바꿀 수 있다면 모든 일이 가능하다.

이전과 비교할 때 많은 것들이 제한된 코로나 상황에서 우리는 가능한 방법을 찾으려 했다. 사회적 거리두기로 사람 간의 '접촉'이 어려워지자, 그 대안으로 '접속'을 선택했다. 1980년대에서 2000년대 초반 사이에 출생한 밀레니엄 세대들은 오프라인보다 온라인을 더 선호한다는 점에 착안해, 온라인 기반의 행축 사역을 적용하기 시작했다. 줌(ZOOM)과 같은 화상회의 어플리케이션을 활용해 소그룹 중심의 전도, 복음 제시, 심지어는 전도를 위한 기도 모임 등이 충분히 가능하다는 것을 확인할 수 있었다.

> 교회가 선교하지 않으면 많은 사역 중에 한 가지를 하지 않는 것이 아니라, 다른 모든 사역을 하지 않은 것과 같다. ─ 칼 바르트 Karl Barth

한성교회는 앞으로 더 활발하게, 다양한 방법을 찾아 비대면 전도와 선교 사역을 시도해나갈 것이다. 전도는 교회의 목적이요, 존재 이유이기 때문이다. 성도가 받은 은혜는 반드시 선교적인 삶으로 드러나야 한다. 비록 코로나 상황이라도 마찬가지이다. 다른 모든 것을 다 한다고 해도 정말 해야 할 일을 놓치고 살아간다면 그건 망한 인생이고 허비한 삶이다. 교회가 전도하지 않으면 한 가지를 하지 않는 것이 아니라, 전부를 안 한 것과 같다.

02

나는 행축을 공개함과 동시에 차세대 사역에
있어서도 여전히 해야 할 일들을 해나가는
도전을 나누고 싶다. 실력이 아니라 치열한
고민이 차이를 만든다는 사실을 강조하고 싶다.

하나님이 키우세요! 우리 아이 키우세요!
하키우키!

한국교회가 심상치 않다. 정체를 넘어서, 감소하고 있다. 특히 교회의 미래라고 할 수 있는 주일학교 아이들의 수는 최근 10년 사이 40%까지 감소했다고 한다. 2021년 초의 통계를 보면, 한성교회가 속한 예장합동 교단 소속 교회 가운데 22.4%가 주일학교를 운영하지 못하고 있고, 그나마 주일학교를 운영하는 교회조차 부서별 인원이 평균 10명 이하였다.

고령화와 저출산 등의 이유를 제외하면, 이런 상황까지 오게 된 가장 큰 이유 중 하나는 바로 교회 교육에 대한 소홀함일 것이다. 한국교회는 교회 교육에 대한 중요성을 빨리 인식하지 못했다. 그러다 보니 전반적인 지원도 미비했다. 가정에서는 무엇보다 자녀 교육에 많은 돈을 투자하면서, 정작 교회에서는 자녀들에게 가장 좋은 것을 주지 못한 것이다.

그렇다고 교회교육을 포기할 수는 없었다. 주일학교가 사라지면 교회의 내일은 없는 것이나 마찬가지 아닌가. 무너져가는 환경을 다시 세워야 했다. 차세대 아이들을 위해 무언가를 해주고 싶었다.

한성교회 차세대는 나의 목회철학에 맞추어 예배하고 전도하는 일에 매진해왔다. 차세대 교역자들의 주된 사역은 자신이 맡은 아이들의 하교 시간을 확인하고, 그 시간에 교문 앞에서 아이들을 만나서 심방하면서 아이들의 친구들을 전도하는 것이었다. 이렇게 찾아가고 만나고 전도하는 사역을 통해 차세대 각 부서의 예배는 활발하게 드려졌다. 매주 예배 때마다 차세대 교역자들과 교사들이 주중에 학교 앞에서 전도한 새로운 아이들이 찾아왔다.

차세대가 진행하는 행복한 사람들의 축제는 늘 번뜩이는 아이디어의 장이었다. 진군식부터 태신자 작정, 관계 맺기 등 행축의 기본적인 틀은 유지하되, 차세대 아이들의 문화와 눈높이에 맞춘 프로그램과 선물을 덧입혔다. 아이들은 친구가 없으면 아무 데도 안 가지만 친구가 있으면 안 갈 곳도 간다. 이러한 아이들의 특징은 오히려 장년보다도 관계 전도가 더 잘 이루어질 수 있는 토양이 되었다. 매년 행축 방문 주일만 되면 교회는 차세대 새친구들로 넘쳐났다. 예배실에 앉을 자리가 없어 통로에까지 앉혀야 할 정도였다.

전도는 나이와 세대를 불문하고 가능한 일이다. 행축을 통해 아이들은 전도의 맛을 알게 되었다. 친구를 전도하는 일이 결코 쉽지 않다는 것을 경험하면서, 나를 구원해주신 은혜의 소중함도 깨닫게 되었다. 아이들은 그렇게 선교적 제자로 자라나게 되었다. 나는 이 일에 교회의 미래가 달려있다고 확신한다. 아이들이 전도하는 삶을 살도록 이끄는 것이 우리 아이들을 살리는 길이다.

어느 날 차세대 부서를 바라보다 문득 고민이 생겼다. 영아부에서부터 고등부에 이르기까지 각 부서 아이들의 연령기적 특성을 이해하고, 각 부서의 사역을 통일성 있게, 균형감 있게 종합할 수 있는 사람이 없을까? 한성교회의 비전 아래 지속적인 변화를 만들어낼 수 있는 탁월한 리더 한 사람이 필요했다.

그 고민 중에 만나게 된 분이 유지혜 전도사였다. 유 전도사는 차세대 사역에 있어 오랜 경험과 노하우를 두루 갖춘 고수였다. 나는 유 전도사의 역량을 한눈에 알아볼 수 있었다. 실력이 있다면, 성별이나 나이는 전혀 중요하지 않았다. 나는 유지혜 전도사가 현재 한성교회 차세대가 찾고 있는 바로 그 사람이라고 확신했다. 그래서 그에게 과감히 차세대 팀장을 맡겼다. 그리고 마음껏 사역할 수 있도록 날개를 달아주기로 했다. 차세대 교육콘텐츠 제작을 위해 교회 내에 스튜디오를 만들기로 한 것이다.

그렇게 차세대 전략을 하나하나 새롭게 수립해가는 시점에 전혀 예상하지 못한 코로나19라는 복병이 등장했다. 한 번도 경험해본 적 없던 비대면 상황 앞에서 많은 교회들이 휘청거렸고, 특히 각 교회의 주일학교는 속절없이 난파되어 갔다. 하지만 놀랍게도 나의 선택은 시기를 잘 만났다. 유 전도사의 강점은 차세대 영상 콘텐츠와 교재 제작을 통한 교회교육에 있었던 것이다. 말하자면 그에게는 비대면 상황 속에서도 아이들이 있는 곳으로 찾아 들어갈 수 있는 역량이 준비되어 있었다.

유 전도사는 코로나19가 시작됨과 동시에 순식간에 차세대 사역자들을 하나로 모았다. 그리고 차세대 교육의 지평을 여는 콘텐츠들을 쏟아내기 시작했다. 집에서도 말씀을 필사하고 묵상하며 예배하는 '방콕묵상', 코로나 시대 오후 2시에 청소년 생존을 확인하는 '두끼TV', 어린이들의 신앙 양육을 위한 '하키우키TV', 집 앞 교재 배달로 심방을 겸하는 '해피라이더스', 비대면 가족 경연대회로 공동체를 만들어가는 '방콕스타', 거룩한 새벽기도의 습관을 만들어주는 '고온새'(고난주간 온라인 새벽기도), 아이들의 신앙 잠재력을 끌어내는 '랜선캠프', 비대면 셀레브레이션 '줌나잇'(ZOOM Night) 등의 콘텐츠가 차세대들에게 제공되었다.

유 전도사를 위시한 차세대 사역자들의 노력을 통해 아이들은 교회에 오지 못하는 상황 속에서도 자기 자리에서 신앙을 이어갈 수 있었다. 아니, 오히려 더 재미있게 신앙생활을 할 수 있었다. 특히 주일학교 학부모들의 만족도가 높았다. 비대면의 시기에도 안심하고 아이들을 맡길 수 있는 교회로 인정받은 점이 무척 자랑

스튜디오 H

스러웠다.

　나는 행축을 공개함과 동시에 차세대 사역에 있어서도 여전히 해야 할 일들을 해나가는 도전을 나누고 싶다. 실력이 아니라 치열한 고민이 차이를 만든다는 사실을 강조하고 싶다. 어떤 일이 있어도 교회교육은 물러나거나 쉬면 안 된다. 한성교회의 차세대 사역과 콘텐츠들이 한국교회의 교육을 위해 조금이라도 힘이 될 수 있다면 아낌없이 나누고 또 알려주고 싶다.

　철학자 소크라테스는 이렇게 말했다.

　"내가 가장 이상하게 생각하는 것은, 사람들이 없어질 물질을 위해서는 많은 관심이 있지만 진짜 유산인 아이들에게는 많은 관심과 노력을 쏟지 않는다는 사실이다. 내가 아테네의 가장 높은 탑에 올라가 한마디 말을 남기고 죽어야 하는 입장에 놓인다면 나는 이렇게 말할 것이다. 시민들이여, 어린이에게 투자하라!"

자랑스러운 나의 예수님

교회는 다녔지만 전도를 해야 한다는 생각은 없었습니다. 친구들에게도 제가 교회를 다닌다는 것을 말하지도 않았습니다. 그런데 어느 날 갑자기 목사님께서 행축 때 전도에 도전해 보라고 연락을 주셨습니다. 전도를 해보겠다고 대답은 했지만 자신은 없었습니다.

가까운 몇몇 친구들에게만 전도해 보자는 마음으로 전도를 시작했습니다. 어느덧 알고 지내는 모든 친구들에게 전도를 하고 있는 저의 모습을 발견하게 됐습니다.

행축을 시작하고 2주 정도 지났을 때, 제가 중등부에서 전도 점수가 가장 높아 1등이라는 소식을 들었습니다. 그 소식을 듣고 무엇인지 모를 자신감도 생겼고, 무엇보다 1등 상품에 욕심이 생겼습니다. 1등 상품은 최고급 블루투스 이어폰이었습니다. 그때부터는 무조건 상품을 받고 싶다는 세상적인 생각으로 친구들에게 전도를 했습니다. 그런데 신기하게도 3주 차부터 전도 점수가 떨어지면서 3등이 되었습니다.

그제야 제가 '상품을 받겠다는 생각만 했구나'라는 생각이 들었습니다. 상품이 아니라 하나님이 어떤 분이신지 친구들에게 전하는 것을 전도의 목적으로 삼으라고 하나님께서 말씀하시는 것 같았습니다. 상품보다도 제가 전하는 복음이 더 소중한 것이라는 것을 깨닫게 되었습니다. 그래서 1등을 못 하더라도, 선물을 못 받더라도 감사한 마음으로 복음을 전해야겠다고 다짐했습니다. 그렇게 다짐하고 나니 더 기쁘게 복음을 전하며 교회에 함께 가자고 권유할 수 있게 되었습니다. 그래서 많은 친구들이 함께 교회에 와 주었습니다.

행축 기간이 모두 끝나고 주일에 교회를 가려는데, 행축 방문 주일에 왔던 친구들이 계속 교회에 가보고 싶다고 이야기했습니다. 처음에는 진짜인가 싶었지만 제가 전한 복음을 통해 이런 일이 실제로 일어나는 것을 보니 너무나 놀라웠습니다. 게다가 주일에 교회를 왔더니 제가 행축 전도왕이 되었다는 사실을 알게 되었습니다. 받고 싶던 상품을 받아 기분은 너무 좋았지만 한편으로는 고작 이 상품 때문에 전도하려고 했던 과거의 제가 너무 창피했습니다.

이번 행축을 통해 제가 필요할 때만 찾는 하나님이 아닌 어떤 상황에서도 저를 사랑으로 감싸주시는 하나님이 제 곁에 늘 계심을 느끼게 되었습니다. 이제는 제가 예수님을 믿고 교회를 다닌다는 것도 자랑스럽고 떳떳하게 밝힐 수 있겠다는 생각이 들었습니다. 다음 행축 때도 더 많은 친구들을 전도해서 제가 받은 예수님의 사랑을 전하고 싶습니다.

__ **김○○ 학생** | 중등부

6
부

FESTIVAL MANUAL

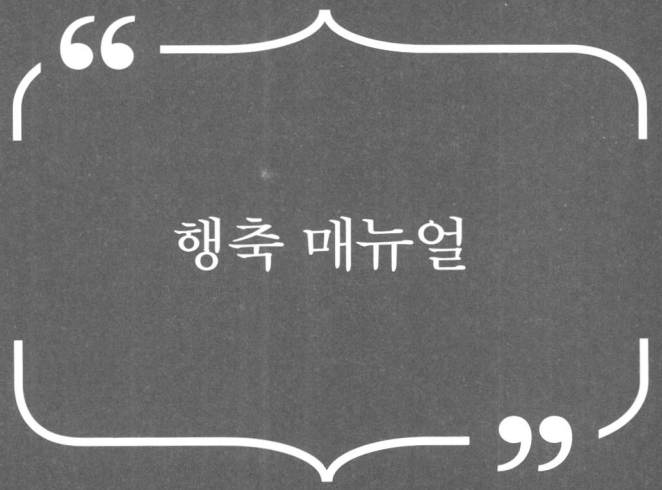

행축 매뉴얼

행복한 사람들의 축제

　행복한 사람들의 축제는 1년 전체를 보며 달리는 교회의 방향성이자 커리큘럼과 같다. 단회성의 행사와는 다르다. 이 장에서는 교회 모든 계절을 꽉 채우는 행축의 전체 일정을 간략히 소개한다. 행축의 모든 일정은 가장 좋은 방법으로 복음을 전하려는 깊은 고민에서 시작되었다. 의미 없이 구색을 갖추기 위해 진행하는 순서는 단 하나도 없다. 잘 짜여진 각 단계를 통해 행축을 진행할 때, 전 교회를 관통하는 복음의 전율이 있다. 그 전율은 전도라는 부르심에 순종하는 사람만이 느낄 수 있다. 글로 전하기에는 부족함이 있지만, 글을 읽는 동안 부르심에 순종하는 사람이 받는 은혜가 함께하기를 기대한다.

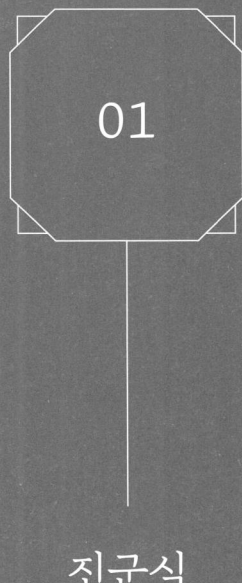

01

진군식

봄 행축은 진군식으로 시작된다. 진군식은 하나님의 군대가 출범하는 영적 발대식이다. 담임목사의 "2021년 한성교회 행복한 사람들의 축제를 위한 진군식 개회를 선언합니다!"라는 선언과 함께, 온 교회가 봄 행축을 지어가는 첫 발걸음을 뗀다.

진군(進軍)의 명사적 의미는 "적을 치기 위하여 군대가 나아감 또는 많은 사람이 어떤 일에 활발히 참가하여 힘차게 전진하는 것"이다. 이처럼 진군식의 목적은 온 성도들이 다시 한번 사명을 결단하고, 봄 행축에 동참하도록 하는 것이다. 진군식은 보통 3월 두 번째 주일에 진행되는데, 이를 위한 준비는 1-2월 '교구별 TF팀'을 통해 미리 준비된다. 이기간 동안 교구의 핵심 멤버들은 진군식의 디테일한 부분까지 준비하고, 교구 전체가 참여할 수 있도록 기반을 다진다.

진군식은 축제와 같다. 전교인들이 진군식 주일에 모여 몇 주간 열심히 준비한 진군식 퍼포먼스를 서로 즐겁게 나누고 시상도 진행한다. 즐거운 순서가 진행되는 가운데, 전도에 열정이 없던 성도들도 전도에 대한 찔리는 마음이 생기는 것이다. 공연적 요소가 많이 들어가기 때문에 사전 준비가 중요하다. 철저한 큐시트 준비와, 음향·조명·영상·자막을 체크하고, 전체적으로 철저하게 확인할 수 있는 리허설이 필수적이다.

담임목사의 선언으로 진군식이 시작되면, 각 교구와 부서의 기수단이 입장한다. 사회자의 소개에 이어 기수단은 각 교구를 대표하는 깃발을 가지고 군인들이 행군하듯 오와 열을 맞춰 입장한다. 기수단 대표의 구령소리에 맞추어 전교인이 전도에 대한 결의를 다진다. 기수단 입장 후에는 선서대표가 선서를 하고 각 교구의 순서가 시작된다.

각 교구가 입장하는 동시에 교구의 지역과 전도대 이름, 태신자 작정 인원을 소개한다. 이어서 각 교구 장로님들의 선창으로 전도의 혼을 담은 교구별 구호도 외친다. 그 후 하이라이트인 퍼포먼스가 진행되는데, 퍼포먼스는 콩트, 특송, 워십 댄스 등 다양한 장르로 준비된다. 모든 퍼포먼스는 전도를 장려하고 전도에 대한 열정을 북돋는 내용으로 이루어진다. 진군식의 역할은, 밝고 행복한 분위기를 통해 흐트러졌던 모두의 마음을 전도로 모으게 하는 것이다. 진군식에 참여하는 것만으로도 전도에 대한 마음가짐이 달라질 수 있다.

교구별 퍼포먼스가 모두 끝나면, 담임목사는 진군식에 대한 총평을 하고, 심사 결과를 발표한다. 2등, 믿음·소망·사랑·행복(**참가상**), 남우주연상, 여우주연상, 1등 순으로 발표하고 담임목사가 시상한다. 진군식 시상금은 행복한 사람들의 축제를 위한 교구 전도비로 사용되며, 담임목사의 축도로 진군식의 모든 순서가 끝이 난다.

이해를 돕기 위해 진군식 큐시트를 첨부한다.

진군식 큐시트

시간	순서	담당자	음향	조명 전체	무대	특수	자막
02:30	진군식 자막 및 대기	영상실					통자막 송출
02:30-32	찬양	찬양팀	찬양 음향				찬양 가사
02:32-35	오프닝 영상	영상실	영상 음향				
02:35-36	진군식 선언	사회자 & 담임목사	선언 MR				사회자소개, 진군식 선언 순서 올리기
02:36-39	기수단 입장 (기수단 명단 : __)	기수단	기수단 MR				기수단 자막
02:39-41	선서	J 집사	선서자 마이크와 마이크스탠드				선서문 자막
02:41-42	기수단 퇴장	기수단	기수단 MR				기수단 자막
02:44-04:20	교구별 퍼포먼스	교구별	'입퇴장' 시 MR				교구전도대, 교구소개문
	* 교구별 퍼포먼스 순서 194쪽 참고						
04:20-25	총평 및 시상	담임목사					
04:25-30	마무리 기도	담임목사	퇴장 MR				

2019. 3. 10

영상 카메라	무대 (FD)	비고 (FD)	사회자 멘트
	찬양팀 등단	교구 입장	
		모니터 무대끝선 정렬, 통성기도로 마무리	
오프닝 영상	사회자 등단		
	담임목사 등단	무선마이크3 (사회자, 담임목사) 에어샷 ON!	이제 담임 목사님 나오셔서 2019년 진군식을 선언하시겠습니다. 담임목사님 나오실 때 큰 박수로 맞이 하겠습니다 담임목사: 2019년 행복한 사람들의 축제를 위한 진군식 개회를 선언합니다.
중앙복도		헤드셋 MIC (기수 대표)	이제 진군식 기수단이 입장하겠습니다. 기수단이 입장할 때 다시한번 우레와 같은 박수와 함성으로 길을 열어주시기 바랍니다. 기수단 입장! (입장시 교구 전도대 이름을 읽어준다)
선서자 중앙	선서자 확인 (드럼박스쪽)		성도 대표 선서자 앞으로
중앙복도	각 교구 퍼포먼스 준비	5교구소개자 스탠바이	기수단 퇴장
중앙복도		핀 마이크 미리 준비, 다음 교구 밖에서 대기	교구별 입장 및 순서 후 애드립 (다음 교구 입장 사인 볼 것) 마지막 교구가 끝나면 마무리 멘트
	시상품 전달		시상식 도우미: S 전도사
	무대 정리		

교구별 퍼포먼스 순서

순서	교구	전도대 명칭	기수	교구 소개자	소구호	내용
1	5교구	극한 전도대	k집사	K장로	지금까지 이런 전도는 없었다 이것은 전도인가? 일상인가? 5교구 극한전도대 리셋 리셋 화이팅	영화 "극한직업"을 모티브로 한 "극한전도대"라는 스킷 드라마
2	3교구	된다 전도대	l집사	L장로	3교구 전도하면, 된다! 3교구 행복하면, 된다! 3교구 무조건, 된다! 된다 된다 아멘!	잃어버린 영혼을 향한 하나님의 마음과 하나님 품으로 돌아가는 영혼들이 부르는 찬양과 댄스
3	2교구	PEACE 전도대	m집사	M장로	우리가 간다! 땅끝까지 간다! 복음으로 평화를! PEACE! PEACE! PEACE!	잃어버린 영혼을 향한 하나님의 마음과 하나님 품으로 돌아가는 영혼들이 부르는 찬양과 댄스
4	6교구	CHEER UP 전도대	n집사	N장로	최강 한성 최강 6교구 최강 전도 야!	치어리딩 퍼포먼스 치어리딩을 통해 교구의 전도전략을 소개
5	4교구	1등 전도대	o집사	O장로	4교구 1등 / 믿음도 1등 / 사랑도 1등 / 소망도 1등 / 전도도 1등 / 4교구 1등	각 종교의 믿음을 비교하고 기독교인의 능력을 자랑하는 콩트
6	1교구	중매 전도대	p집사	P장로	1교구 중매 전도대 구호준비! / 야! 나가자! / 세상으로! 전하자! / 주의 말씀! 구하자! / 잃은 영혼!	복음으로 치유받은 김이박 집사들이 중매역할을 감당 하게 되는 내용 스킷 드라마
7	7교구	SKY 전도대	q집사	Q장로	한성의 7교구, 전도에 힘쓴다! 한성의 7교구, 복음을 전한다! 한성의 7교구, 영혼을 구한다! 한성, 한성, 야!	드라마 스카이캐슬 패러디한 스킷 드라마 3대째 전도왕이 되고 싶은 주인공이 전도 코디네이터의 지도를 받아 전도왕이 되는 내용
8	청년	냉수 전도대	r집사	R회장	생명의 그 이름, 예수그리스도!! 소망의 그 이름, 예수그리스도!! 구원의 그 이름, 예수그리스도!!	미니 뮤지컬 & 단체 댄스

특별 사항

3부예배 후 셋팅: 교구팻말설치, 모니터 스피커 밀기, 중앙 넓은계단 및 가장자리 계단 추가설치, 앞자리 확보

무대 배치

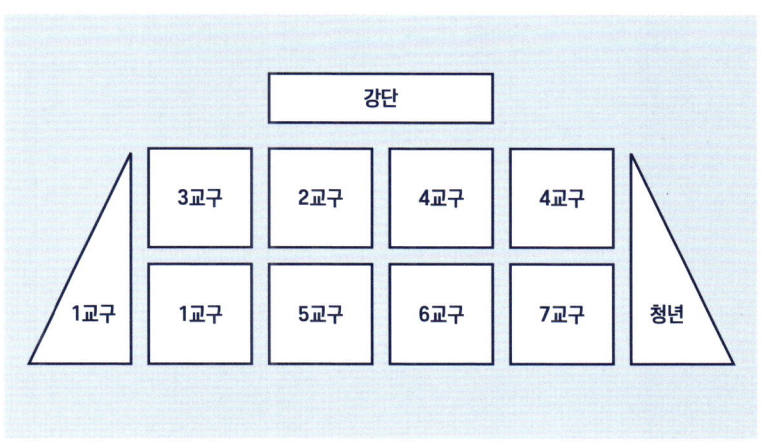

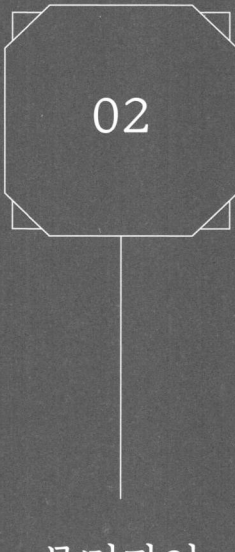

물밑작업

행축의 관건은 사람들이 오게 하는 일과 남게 하는 일이다. 행축은 그저 성도들에게 하는 한 두 번의 광고로 그치지 않는다. 행축은 오게 하는 일과 남게 하는 일을 위해 매우 치밀한 계획과 주차별 진행, 점검이 매주 이루어 진다. '물밑작업'은 행축 모든 단계를 지나는 동안 성도들이 전도할 수 있도록 돕는 교역자들의 모든 사역을 총칭하는 말이다. '물밑작업'이야말로 여타 전도 축제와 행축의 가장 큰 차이점이라고 할 수 있다.

물밑작업은 행축의 성패를 결정한다. 물 위에 평온하게 떠있는 오리가 물밑에서는 필사의 물장구를 치고 있는 것과 같이, 교역자들은 보이지 않는 곳에서 성도들을 끊임없이 독려하고 전도의 길로 이끈다. 설교 한편으로, 전도에 관심 없던 이들이 모두 불타는 전도자로 변하지는 않는다. 세심하게 돌보는 교역자의 안내와 가르침이 필수적이다.

물밑작업은 크게 3단계로 구분된다. 첫째, 한 사람을 교회로 오게 하는 일이다. 둘째, 그렇게 온 사람들이 복음을 듣고 결단하게 하는 일이다. 셋째, 결단한 사람들을 정착하도록 돕는 일이다. 한성교회는 언제나 촘촘한 영혼 관리를 강조한다. 사람은 결코 한 두 번의 권유로 교회에 오지 않는다. 모든 순서를 매번 점검하지 않으면 작은 틈이 생길 수 있고, 그 틈 때문에 모든 것이 허물어질 수 있다. 점검하고 또 점검해야 한다. 대면 심방이든, 전화 심방이든 온 마음을 담아야 그 영혼을 얻을 수 있다.

교회는 약 세달 간 성도들에게 전체적 커리큘럼을 제시한다. 태신자 작정, 관계맺기 8단계, 전도와 영적 전쟁 등 치밀하게 짜여진 커리큘럼을 성도들이 마음을 담아 따라갈수 있도록 교역자들은 열과 성을 다해 돕는다. 각 단계를 단순히 소개하는 것으로는, 성도들이 구체적으로 어떻게 해야 하는지 막막하게 느껴질 수 있다. 그 갈길을 자세히 제시해 주는 것이 교역자의 역할이다. 누구를 태신자로 품었는지, 그 사람에게 어떻게 다가가야 할지, 관계맺기 8단계를 어떻게 실행하고 있는지 등 하나하나 확인하고 안내하는 것이다. '물밑작업'은 1년 내내 시행된다고 보아도 무리가 없다. '물밑작업'은 행축이 본격적으로 시작되기 이전인 1-2월 대심방 때부터 이미 시작되기 때문이다. 연초부터 성도들이 태신자에 대한 마음을 품을 수 있도록, 대심방 시 태신자 작정을 권면하기 시작한다.

예를 들면, 1차 태신자 작정 때 작정하지 못한 성도를 확인하여 전화나 직접 심방을 통해 2차 태신자 작정에는 참여할 수 있도록 돕는다. 태신자 작정을 하지 못한 이유는 개인마다 다양하기 때문에 심방을 통해 이유를 확인하고 문제를 함께 해결한다. 한 번으로 끝내는 것이 아니라, 세 번은 연락하고 확인하는 것이 기본이다. 그렇게 태신자 작정의 물꼬가 트이면 다음 단계로 수월하게 나갈 수 있게 된다. 태신자 작정 뿐만 아니라 행축의 모든 단계에서 같은 원리로 진행한다.

모든 성도들이 '물밑작업'의 대상이다. 전도를 어떻게 해 나가고 있는지 각 사람의 성향과 상황에 맞추어 다양한 방법으로 반드시 체크해야 한다. 확인하지 않는 것은 신뢰가 아니라 방임이다. 그것이 목자의 마음이다. 함께 가지 못하는 사람이 없는지 마음을 담아 점검하고 또 점검해야 한다. 교역자들의 진심 어린 '물밑작업'을 통해 성도들은 어려운 전도의 길을 포기하지 않고 끝까지 달릴 수 있게 된다.

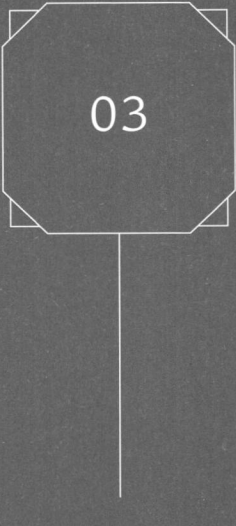

03

태신자 작정

태신자(胎信者)는 말 그대로 아이를 태에 품은 어머니처럼, 우리 마음에 품은 전도 대상자를 가리킨다. 한국교회에서 흔히 사용되는 용어이지만, 행축에서 태신자는 더 특별한 의미를 갖는다. 태신자는 모든 행축 일정의 밑거름과도 같다. 대상자가 정해진 후에야 모든 일정이 구체적인 목표를 가지게 되기 때문이다. 진군식을 마친 바로 다음 주일에 태신자 작정이 이루어진다.

한 사람이 적어도 다섯 명의 태신자를 품고 행축이라는 긴 레이스를 달리게 된다. 태신자 작정은 꼭 다섯 명 이상 하도록 안내하고 있다. 다섯 명을 하는 이유는, 한 명이 교회에 오지 않겠다고 선언하더라도 중간에 포기하지 않고 전도라는 사명을 완수할 수 있도록 하기 위함이다. 목표를 한 명 전도하기로 잡는다면, 결국 한 명도 전도하지 못할 확률이 크다.

태신자작정을 하는 가장 큰 이유는 우리 주변에 반드시 있는 예비된 심령을 찾기 위해서다. 인생이 힘들고, 영혼의 깊은 곳에서 구원을 찾고 있는 사람이 누구인지 알아야 한다. 교회에 데려가 줄 사람이 없어서 교회에 오지 못하는 사람들이 우리를 기다리고 있다. 주변에 전도할 사람이 없다고 생각하는 성도들을 위해 태신자 작정을 위한 예비 목록표도 미리 제공한다. 예비 목록표에는 전도할 사람을 구체적으로 생각해 볼 수 있도록 다양한 관계의 예가 제시된다. 아내, 남편, 아들, 딸은 당연하고 단골 가게 사장님, 옆집 이웃 등 가까이 있지만 평소에 지나치기 쉬운 관계의 예들을 제시하는 것이다. 성도들은 예비 목록표를 보며 성도들은 자신의 주변에 잃어버린 영혼들이 있다는 사실을 깨닫게 되고, 자신의 태신자를 정하게 된다.

태신자 작정을 하는 가장 큰 이유는 우리 주변에 반드시 있는 예비된 심령을 찾기 위해서다. 인생이 힘들고, 영혼의 깊은 곳에서 구원을 찾고 있는 사람이 누구인지 알아야 한다. 교회에 데려가 줄 사람이 없어서 교회에 오지 못하는 사람들이 우리를 기다리고 있다.

담임목사는 태신자 1차 작정 주일에 성도들이 하나님의 마음으로 한 영혼을 품을 수 있도록 동기부여 전도설교를 한다. 설교와 결단 찬양, 짧은 기도회 후 약 8분간의 태신자 작정 시간이 진행된다. 태신자 작정 시간이 시작되면 부교역자 또는 안내팀들은 필기도구를 지참하지 않은 성도들을 위하여 강대상 앞쪽에서부터 필기도구를 전달하고, 태신자 작정을 마친 분들에게 태신자 작정 카드를 수거한다.

태신자 작정 카드는 주보에 삽지해서 모든 성도에게 배부한다. 한 장의 카드에 절취선이 있어 교회 제출용과 개인 보관용으로 나눌 수 있다. 성도들은 각자의 카드를 잘라서 하나는 교회에 제출하고 나머지 하나는 개인이 보관한다. 개인용 작정 카드는 성경책에 붙이기도 하고 잘 보이는 곳에 두어 눈에 띌 때마다 기도할 수 있도록 한다. 교회 제출용 태신자 작정 카드는 교구에서 태신자 작정 현황을 파악하고 이후 단계를 위한 데이터로 활용된다.

태신자 2차 작정은 다락방(**구역, 목장 등**)에서 이루어진다. 태신자 1차 작정 주간의 다락방 교안의 적용은 '태신자 작정하기'이다. 순장(**구역장, 목자**)은 온라인 다락방 모임을 인도하면서, 미처 태신자 작정을 하지 못한 순원들이 태신자를 작정할 수 있도록 권면한다. 담당 교역자 역시 세밀한 심방과 관심으로 최대한 많은 사람들이 태신자 작정을 할 수 있도록 돕는다.

2021년부터 한성교회는 자체 개발한 '해피피플'이라는 어플을 통하여 온라인 태신자 작정을 시작했다. 자원을 절약할 수 있을 뿐 아니라 비대면 상황에서도 용이하게 적용할 수 있고, 스마트폰만 있다면 더 편리하게 태신자 작정을 지원할 수 있다. 또 '해피피플' 어플을 통해 교구별, 다락별 태신자 작정 현황을 실시간으로 확인할 수 있다. 스마트폰 환경에 익숙하지 않은 고령자들은 과거의 방법, 즉 태신자 작정카드 인쇄물에 작정하도록 했다.

태신자 작정 예비 목록표와 태신자 작정 카드의 샘플을 첨부한다.

태신자 작정 예비 목록표

태신자 작정 카드

204 행복을 말하다

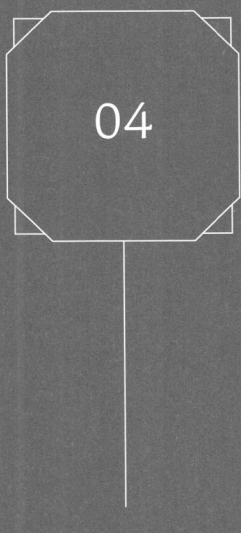

04

관계맺기 8단계

태신자 관계맺기 8단계는 성도들이 태신자를 봄 행축에 모셔 올 수 있도록 교회가 제공하는 주차별 행동 지침을 뜻한다. 태신자 관계맺기는 다락방별 태신자 2차 작정과 더불어 시작된다. 태신자 관계맺기는 교회의 상황에 따라 6주 또는 8주로 진행할 수 있다. 한성교회는 성도들에게 관계맺기 8단계 실행지침을 제공하고 있다.

관계를 잘 맺는 성향으로 타고나는 사람은 많지 않다. 하지만 적절하고 구체적인 가이드를 제시해 준다면 훨씬 많은 사람들이 자연스럽고 올바른 방법으로 관계를 맺어 전도할 수 있다. 성도들이 교회에 가자는 말을 꺼내기까지 태신자를 위해 기도하며 사랑을 전하는 8주의 과정 동안, 성도들에게는 전도에 대한 기대와 열정이 더하게 되고, 태신자들은 자연스럽게 교회에 대한 마음 문을 열고 교회의 문턱을 밟을 수 있게 된다.

관계맺기 8단계의 내용은 때에 맞게 변경할 수 있지만, 큰 뼈대는 아래와 같다. 태신자들이 점진적으로 교회에 대한 마음을 열고, 거부감이나 이질감 없이 교회에 올 수 있도록 하는 것이 목적이다.

1단계 태신자를 품고 기도하기
2단계 안부 문자 및 약속 잡기
3단계 태신자와 만나 간격 좁히기

4단계 감동적인 선물과 해피레터 전달하기
5단계 교회 카페 초대하기
6주단계 문화 행축 초대하기
7단계 식탁교제하기
8단계 초대장과 선물 전달하며 행축 초대하기

일련의 관계맺기를 실행하며 성도들과 태신자의 관계가 깊어지고, 그 사이에 복음이 흘러갈 통로가 놓인다. 또한 교회는 복음의 열정으로 충만한 성도들로 인해 영적인 분위기가 점점 더 고조된다.

관계맺기를 위한 주차별 행동 지침은 매주 주보 광고 첫 번째 순서에 넣는다. 또한 관계맺기 8단계의 내용은 교회 일정, 기도제목과 함께 엮어 '행복 매뉴얼'이라는 소책자 또는 e-Book 형태로 성도들에게 전달된다. 2020년에는 정부의 방역지침을 준수하며 행축을 효과적으로 진행하기 위해 행복 매뉴얼을 온라인 매뉴얼로 제작해 배부했다. 제작된 온라인 행복 매뉴얼은 한성교회 홈페이지 메인 배너 이미지로 게시되었고, 순장 카톡을 통해 전달되었다. 2021년에는 '해피피플' 어플의 알람 기능이 그 역할을 대신했고, 주보 1면에 그 주의 관계맺기 실행 지침을 넣어 강조했다.

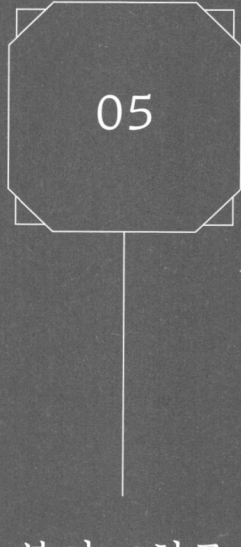

봄의 교향곡

봄의 교향곡은 봄 행축을 앞두고 4월부터 약 한 달 동안 진행되는 담임목사의 교구별 대심방이다. "만물을 창조하신 하나님 앞에 모두가 악기가 되어, 하나님께서 행하신 일들을 노래하는 시간"에 의미를 담아 이름 짓게 되었다.

봄의 교향곡은 경산중앙교회 시절, 가파른 교회의 성장으로 담임목사의 개별 심방이 점차 어려워지자, 교구별로 거실이 넓은 가정에 교구 식구 모두를 모으며 시작되었다. 예배를 드린 후, 기도가 필요한 환우 몇 사람을 위하여 안수기도를 하고 약 2-3분씩 교구 식구들의 행축 스토리를 모두 들었다. 이 때 성도들은 자신이 작정한 태신자의 이름을 불러가며 기도하고, 봄 행축까지 최선을 다할 것을 결단하게 되었다.

한성교회는 교구별로 하루씩 날을 정하여 교회 카페에서 봄의 교향곡을 진행하고 있다. 순서는 식사 - 특순(찬양 또는 연주) - 예배 - 환우 중보기도 - 간증자들의 짧은 나눔으로 진행된다.

여덟 개 교구가 연주하는 그 빛깔은 다채롭고, 그 향기는 짙다. 고령자 비율이 비교적 높은 교구의 무게감, 아파트 입주 전도로 생겨난 젊은 교구의 산뜻함 등, 어느 한 교구도 같지 않다. 봄의 교향곡의 하이라이트는 마지막 '간증 시간'이다. 하나님과 함께 살아온 신앙은 같으나, 다른 삶의 결에서 흘러나오는 간증은 봄의 교향곡을 성령의 도가니로 변화시킨다. 봄의 교향곡을 은혜롭게 통과하면, 교구의 영적 기상도가 확연하게 달라지며 성공적인 봄 행축으로 한 걸음 더 깊이 내딛게 된다.

　물 흐르듯 진행되는 봄의 교향곡을 위해서, 교구 목사는 간증자들에게 네 가지 질문(한성교회에 등록한 계기, 한성교회에서 경험한 은혜, 작정한 태신자, 봄 행축의 결단)을 전달하고 소통하여 간증문이 잘 정리되도록 돕는다. 너무 길지 않으면서 핵심을 전달할 수 있게 돕는다면 가장 좋다. 간증에서 제일 중요한 것은 태신자를 향한 마음과 결단이 드러나는 것이다. 하나님께서 서로의 삶 속에 일하시는 것을 보며 아직 태신자를 작정하지 않는 교우들을 향한 직·간접적인 동기부여를 받게 된다. 그리고 그 감동은 실제적인 태신자 작정과 전도에의 헌신으로 열매를 맺는다.

　2021년 한성교회는 줌(ZOOM)으로 봄의 교향곡을 진행했다. 줌이라는 환경만 달라졌을 뿐, 봄의 교향곡의 모든 순서는 그대로, 봄의 교향곡의 정신을 그대로 담으려고 몸부림을 쳤다. 비대면으로 봄의 교향곡을 진행하면, 은혜가 반감되지 않을까? 그 긴 시간 동안 화면만 바라보면서 성도들이 지루해하진 않을까? 이 모든 걱정은 모두 '기우'였다. 화면 공유, 다음 간증자 추천, 배경 음악 및 PPT 화면 공유 등 기술적인 조작을 면밀히 준비해서 여덟 교구 모두 은혜 가운데서 비대면 봄의 교향곡을 마칠 수 있었다.

　특별히 팬데믹 상황 때문에 독일에서 온라인 등록을 한 성도가 봄의 교향곡 때 간증을 해서 큰 은혜를 나누는 일도 있었다. 같은 동네에 사는 성도들도 성전에 모이기 힘든 상황이었지만, 오히려 지구 반대편의 형제·자매와 하나님이 하신 일을 나눌 수 있는 놀라운 시간이 되었다. 우리가 해야 할 일을 할 때, 나머지는 하나님이 이루신다는 사실을 다시 한번 경험할 수 있었다.

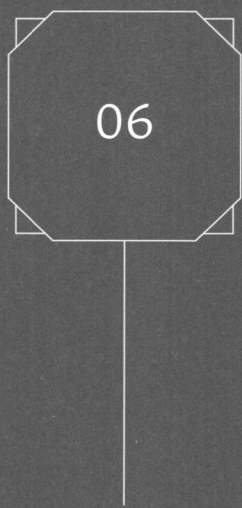

06

전도와 영적 전쟁
& 릴레이 금식기도

그리스도의 십자가와 부활은 그리스도인들에게 영원한 승리를 확보하게 했다. 그러나 그리스도인들은 그리스도께서 이미 승리하신 전쟁의 최후 승리를 쟁취하기 위해 계속 싸워야 할 것이다. 살에 와닿는 삶의 전쟁이 우리를 지치게 하지만, 신자는 말씀과 성령 안에서 전열을 정비할 수 있다. 그때 우리는 혈과 육의 싸움을 넘어, 강한 용사이신 여호와 하나님께서 일하시는 것을 경험할 것이다.

행복한 사람들의 축제는 기도로 시작해서 기도로 마친다. '전도와 영적 전쟁' 집회는 4월 한 달 동안 매주 금요성령집회 시간에 진행된다. 4주간의 특별 집회를 통해 온 교회는 어둠의 영들을 대적하고 그리스도의 군대로 무장하게 된다. 첫째 주부터 셋째 주간까지는 외부 강사들을 통해 전도에 대한 말씀이나 간증을 통해 도전을 받고, 마지막 주간에는 담임목사가 영적 전쟁에 대한 설교를 한다. 온 교회는 전도와 영적 전쟁 집회를 통해 긴 행축의 여정을 달려갈 힘을 얻고 다시 한번 영적 군사로 일어날 수 있게 된다.

4월 마지막 주간에 접어들면, 행축 방문 주일까지 30일이 남는다. 전도와 영적 전쟁 첫 번째 집회를 마친 주일에는 '릴레이 금식기도 지원 서식'이 각 교구에 배부된다. 약 2주 가량의 신청 기간을 가진 후 취합된 확정 명단을 4월 마지막 주일 주보에 삽지한다.

한 달 앞으로 다가온 봄 행축을 앞두고 릴레이 금식기도를 통해, 특별히 교역자들의 절절한 마음을 볼 수 있다. 봄 행축 직전 주간에, 마음을 담아 하루에서 삼일 금식을 자원하는 교역자들이 많다. 교역자들이 금식하는 모습을 보고 성도들 역시 동참하며 가난한 심령을 주님께 올려드린다. 금식기도를 통해 기도의 불길이 더 강력히 타오르고, 이러한 교구 리더십들의 집중력과 간절한 기도가 영혼을 살려내는 것을 모두가 경험한다.

07

문화 행축

2,000년 전 문화 위에 성육신하셨던 예수 그리스도는 우리가 이 시대의 문화 속에서 교회를 통해 당신의 사명에 기여하기를 원하신다.

복음의 능력이 강력하게 작동하는 행축 방문 주일까지 태신자를 이끌어갈 결정적인 변곡점이 요구되는데, 한성교회는 가정의 달 5월의 첫째 주간에 문화 행축을 진행하고 있다. 온 공동체가 지금까지 관계를 맺어온 태신자 모두를 문화 행축에 초대하려고 진력한다. 문화 행축의 열기를 통해 봄 행축을 진행하고 있는 현재 공동체의 온도를 진단할 수 있다. 또한 문화 행축의 분위기를 통해 약 3주 후에 진행될 봄 행축 방문 주일의 분위기까지 가늠해 볼 수 있다.

한성교회는 문화 행축의 첫 번째 공연을 금요성령집회 시간에 진행한다. 너무 늦은 시간 때문에 태신자가 불편해하지 않도록 평소 금요성령집회가 시작하는 시간보다 조금 앞당긴 저녁 8시에 1회 공연을 시작한다. 전체 일정을 3회 공연으로 기획할 경우, 2회 공연은 토요일 오전 11시, 3회 공연은 토요일 저녁 7시에 진행을 한다.

2021년에는 가수 윤복희 데뷔 70주년 기념작 뮤지컬 하모니 팀을 교회에 초청했다. 2021년에도 어김없이 봄 행축에 등록한 새 가족들 가운데에는 윤복희 씨를 보러 왔다가 교회에 대한 편견이 깨졌다는 분들이 많았다. 그래서 한성교회 교우가 초청하는 봄 행축 방문 주일까지 나오게 되었고, 담임목사가 전하는 복음 메시지를 듣고, 자리에서 일어나 결신 기도까지 하게 되었다는 것이다. 문화 행축의 역할은 이런 것이다.

문화 행축이 반드시 연극이나, 뮤지컬 등과 같은 팀을 초청할 필요는 없다. 공동체 상황에 맞춘 작은 음악회도 좋고, 교우들이 스스로 준비한 스킷 드라마도 좋다. 문화적으로 불신자들과 맞닿을 수 있고 선한 영향력을 발휘하도록 준비되어야 한다. 교회의 문턱을 낮추고 태신자의 삶의 상황을 고려하는 데에 많은 물질과 시간, 에너지를 쏟게 되지만 그보다 더 큰 하나님의 일하심을 경험하게 될 것이다.

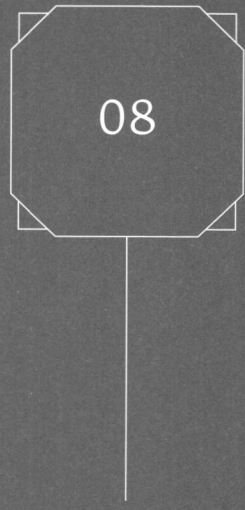

08

행축을 위한
특별새벽기도회

행축을 위한 특별새벽기도회(이하 **특새**)는 행축 방문 주일로부터 1주 또는 2주 전에 진행된다. 월요일 새벽부터 금요성령집회까지 모두 6번, 태신자의 영혼 구원을 위한 집중적인 기도를 하나님께 올려드린다. 특새는 문화 행축을 통해 날개를 펴고 비상한 공동체가 성령의 바람을 타고 더 높이 날아오르게 하는 성령의 추진기다.

　특새를 통해 모든 성도들은 하나님 앞에서 기뻐 찬양하고 주시는 말씀에 집중하며 태신자의 영혼 구원을 위한 기도에 진력한다. 특새라는 이름답게 특별한 구성이 있다. 그중에 첫 번째는 '일백 명 콰이어'다. '일백 명 콰이어'는 차세대부터 장년에 이르기까지, 찬양팀과 함께 하나님 앞에 춤추며 찬양하는 예배자들이다. 콰이어로 자원한 차세대 아이들은 자연스럽게 부모들까지 축제의 현장으로 이끌어준다. 놀라운 것은 유치부, 유년부 아이들이 고사리 같은 손을 들고 하나님께 예배하는 모습을 보고, 매번 봄 특새 때마다 예배가 무뎌졌던 부모들이 회개하는 것이다. 은혜의 마중물 역할을 해주는 '일백 명 콰이어'는 아무리 강조해도 지나치지 않다.

　한성교회는 양육훈련생들을 '일백 명 콰이어'에 헌신하도록 하는데, 이를 통해 양육훈련생들과 자녀들까지 예배의 감격을 회복하고 특새가 일상이 되는 변화와 성장을 경험하고 있다. 그래서 특새 기간 동안에는 본당에서 울려 퍼지는 찬양 소리와 기도 소리 때문에, 본당에 들어서기만 해도 은혜와 감동이 넘치게 된다.

또 하나의 특별한 구성은 매일 새벽을 담당하는 기관이 있다는 점이다. 월요일 새벽은 차세대 학생·교사·학부모, 화요일 새벽은 청년부, 수요일 새벽은 순장·총무, 목요일 새벽은 양육훈련생, 금요일 새벽은 행복전도대가 담당한다. 담당 기관은 특송을 섬기고 강단기도회의 은혜를 누리게 된다. 강단기도회란 예배를 마치고 모두가 강단에 모여 뜨겁게 기도하는 시간이다. 성도들이 함께 모여 기도할 뿐만 아니라 담임목사와 담당 교역자들도 안수기도와 기도회 인도로 함께한다.

출석상품이 있다는 것도 특별하다. 한성교회는 6번 집회에 모두 참석한 교우들은 개근상을, 1번 결석한 교우들은 정근상을, 삼대가 함께 참석한 차세대 아이들에게는 더블 이벤트상 등을 실시하고 있는데, 이를 통해 많은 이들이 행복을 누리고 있다.

마지막 특징은 교회 홈페이지의 은혜나눔게시판이다. 새벽예배를 마치고 집에 돌아간 성도들이 은혜나눔게시판에 은혜와 결단을 나눈다.

09

전교인 길거리 전도

최근에는 길거리 전도의 효과에 대해서 의문을 제기하는 사람들도 있다. 물론 관계전도에 비해서 효율성이 떨어질 수도 있지만, 길거리 전도는 전도자의 야성을 불타오르게 하는 전도다. 외면도 받아 보고, 사람들의 따가운 시선도 느끼게 한다. 때로는 뜻하지 않은 영혼을 만나기도 하면서 전도의 다이나믹을 경험하게 된다.

그래서 한성교회는 1년 내내 공백없이 길거리 전도를 하고 있다. 평소 한성교회는 교회에서 차를 타고 10분 이상, 또는 버스를 한번 타고 교회로 올 수 있는 곳을 거점으로 삼고 전도한다. 그 이유는 평소 발길이 닿지 않았던 깊은 곳에 가서 그물을 던질 때 준비된 영혼들을 만날 수 있었기 때문이다. 그러나 5월에 들어서면, 등잔 밑에 그물을 내려야 한다.

특별히 행축 방문 주일 직전 주일, 3부 예배가 끝나는 오후 한시에 전교인이 교회에 결집한다. 담임목사의 기도 후 전교인은 교회 주변으로, 각자의 지역으로 흩어져서 길거리 전도를 시작한다. 평소에 시간을 내서 길거리 전도를 하지 못했던 성도들도 이 날만은 시간을 내어 전도의 현장으로 나간다. 행축 한주 전에 전교인이 뿜어내는 전도의 열정은 대단하다. 이 열심을 하나님께서 보시고 많은 전도의 열매를 허락하셨다고 믿는다.

길거리 전도에 쓰이는 전도지에는 많은 고민들이 담겨 있다. 행복하고 생동감 있는 한성교회의 이미지를 담을 수 있도록 디자인하고, 교구별 전도지 앞면에는 교구명이 명시되어 있다. 또한 이름, 연락처, 초청자를 작성할 수 있는 칸을 넣어서 전도지만 보고 교회에 오고자 하는 사람이 도움을 받을 수 있도록 한다. 앞면에는 행축 방문 주일 게스트를 표기하고, 뒷면에는 주일예배 시간과 봄 행축 방문 선물, 그리고 약도 등이 반드시 표기한다. 교구별로 행축 전도지를 제작하고 배부하는데, 5월 한 달 동안 각 교구는 일만 장 이상의 교구 전도지를 배포한다.

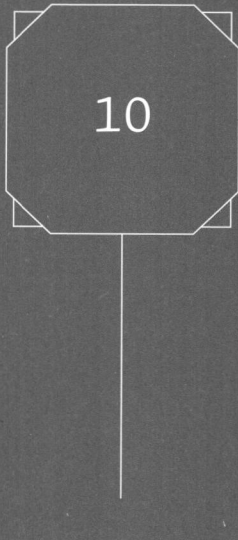

10

확정자 보고

여행을 위해 항공기나 선박을 예약하면, 반드시 하루 전에 예약을 확정해달라는 메시지를 받게 된다. 우리가 예약을 확정할 때 관계자들은 안심하고 승객들을 맞이하는 일정을 이어갈 수 있듯이, 봄 행축도 마찬가지다.

행축 방문 주일 하루 전에 축제에 오기로 확정한 태신자들의 명단을 정리한다. 교구 별로 정리하고, 각 예배 별로도 정리한다. 이 확정자 명단은 다음 날 방문자들의 편안한 환경과 적절한 안내를 위해 사용된다. 확정자 명단을 통해 미리 인원과 연령대, 사용하는 교통수단 등을 파악해 대처할 수 있다. 또한 마지막까지 힘을 다해 전도의 사명을 완수하리라는 결심을 할 수 있도록 성도들을 돕는다. 확정자 명단을 받는 것이 '물밑작업'의 마지막 단계라고 할 수 있다.

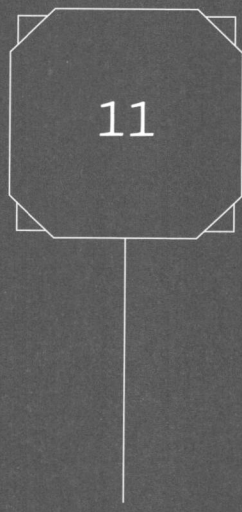

11

행복한 사람들의 축제
- 방문 주일

드디어 결전의 날이다. 행축 방문 주일에는 방문자들이 담임 목사의 복음 메시지를 제대로 들을 수 있도록 하는 것에 모든 초점이 맞춰져 있다. 이를 위해 전날 사전 리허설은 필수적이다. 사전 리허설, 청소, 데코, 안내 모든 준비를 완벽히 마치고 주일을 맞이한다.

행축 방문 주일 당일, 초청자와 함께 방문한 태신자들은 먼저 1층 로비에 있는 교구별 접수 데스크 앞에서 방문자카드를 작성한다. 이 카드는 흰색 앞 장에 방문 정보를 기록하면 뒷 장에 글씨가 배어나오는 노란색 먹지로 되어 있는데, 흰색 앞 장은 모아 교구별로 정리하고 노란색 뒷장은 방문자가 가지고 있다가 결신시에 제출하게 된다. 카드를 작성한 방문자에게는 교회가 준비한 작은 선물을 증정한다. 이 선물은 매년 달라지는데, 많은 고민과 철저한 사전 조사, 여러 번의 회의를 통해 결정한다. 복음의 가치를 아직 모르는 분들은 이 선물을 받기 위해서 교회에 오기도 하기 때문이다. 고급스럽고 견고한 상품을 안겨드리며 행복한 분위기로 첫 이미지를 다진다. 선물이 복음과 교회에 대한 그 사람의 마음을 좌우하는 열쇠가 되기 때문에, 두 개를 달라고 하는 방문자에게도 인색하게 굴지 않고 주도록 한다.

교회 문화에 낯선 태신자들이 방문하기 때문에, 일찍 도착한 분들이 예배당 안에서 어색함에 힘들어하지 않도록 예배 시작 전 20-30분 전부터 웃음을 자아낼 수 있는 영상을 본당 메인 화면에 송출한다. 예배가 시작하는 정시에 예배(찬양) 인도자가 보컬들과 함께 등단하여 '당신은 사랑받기 위해 태어난 사람'으로 방문자들을 축복한다. 그 후 곧바로 특별순서가 이어진다. 2018년 이전까지 감미로운 색소폰 연주자가, 2019년과 2020년에는 감동 있는 소프라노가, 2021년에는 재즈 보컬리스트가 특순을 섬겨주었다. 특순자들의 연주가 너무 종교적이어서 방문자들이 부담스럽지 않게 연주자와 사전에 조율한다.

특순 이후에는 헌금순서가 있다. 헌금 시간에 방문자들이 당황해하지 않도록 사회자는 "처음 오신 분들은 헌금을 하지 않으셔도 됩니다"라고 안내한다. 동시에 영상 자막으로도 안내할 수 있도록 한다.

다음 순서는 '신앙소감문 발표'다. '간증'이라는 단어가 방문자에게는 낯설 수 있기 때문에 '신앙소감문'이라는 단어를 사용한다. 평신도의 간증에는 방문자의 마음의 문을 열게 하는 힘이 있다. 행축 간증자는 한성교회를 통해 예수를 만나 행복해진 사람으로 선정한다. 간증문 역시 세심한 사전 점검이 필요하다. 교역자는 간증자가 복음을 믿으며 겪은 실제적인 삶의 변화를 일상의 말로 전달 할 수 있도록 도와야 한다. 러닝타임이 5분을 넘기지 않는 것이 좋다.

그 이후에는 사회자가 대표로 말씀을 읽고, 담임목사를 소개한다. 자연스럽게 복음 설교가 시작된다. 복음 설교야말로 가장 중요하다. 한 번의 설교를 듣고 한 영혼이 돌아오느냐에 대한 문제이기 때문에 설교자는 모든 것을 담아 혼신의 설교 준비를 한다. 지면의 한계상 복음 설교에 관한 내용은 책『전도를 말하다』로 대신한다.

설교를 마치고 나면, 오늘 이 시간을 통해 예수를 믿겠다고 결심한 사람들을 초청하는 시간을 갖는다. 기도해주기 위해, 불편하지 않다면 일어나주기를 요청한다. 결심을 한 사람들이 일어나면, 화면은 부담스럽지 않은 선에서 그들을 비춘다. 용기가 없어 일어나지 못하는 사람들을 격려하기 위함이다. 그리고 그들과 함께 결신 기도문을 읽으며 기도한다. 기도 후 결신 카드를 수거하는데, 접수데스크에서 작성한 방문자 카드의 노란색 종이가 결신 카드의 역할을 한다.

마지막으로 예배시간을 안내하며 이후의 신앙생활을 기대할 수 있도록 돕고 이후에는 찬송하고 축도로 예배를 마친다.

2021년 봄 행축을 남겨둔 한 달 전부터 서울시청과 양천구청 공무원들이 매 주일마다 점검을 나왔다. 우리는 이 상황에 감사했다. 봄 행축 방문 주일 상황을 공교하게 준비하라는 하나님의 경고음 같았기 때문이다. 방문 주일 직전, 태신자와 함께하지 않는 분은 온라인 예배를 드리고, 태신자를 초청하신 분도 예배 인원이 작은 1부 예배와 4부 예배를 드릴 수 있도록 지속적으로 광고·안내했다. 평소에 현장 부속실에서 진행되는 차세대 봄 행축을 위한 후속조치는 랜선으로 진행하고 벧엘성전, 영어예배실, 6층 세미나실, 1층 그릿시냇가 카페 등의 부속실을 모두 확보했다. 태신자와 동반하지 않은 성도들은 각 부속실에서 예배할 수 있도록 했다.

행축 당일 공무원들이 방문을 했지만, "역시 한성교회네요! 잘하고 계십니다"라는 감탄사를 쏟아내고 돌아갔다.

구체적 이해를 돕기 위해 행축 방문 주일 예배의 큐시트를 첨부한다.

방문 주일 큐시트

사회: 1-2부(A 전도사), 3-4부(B 목사)

시간	순서	담당자	내용(진행멘트)	비고
07:39-59	영상		대기 방송 송출(마지막 장면 확인-사회자 공지)	예배 시작 1분 전까지 방송
08:00-01	환영멘트	사회자	행복한 사람들의 축제에 오신 모든 분들을 환영합니다. 집회 시간동안 휴대폰을 꺼주시기 바랍니다. 좌우에 계신 분들과 앞 뒤에 계신 분들에게 이렇게 인사하겠습니다. "사랑합니다. 환영합니다. 축복합니다."	신디 반주자 배경음악 연주 (당신은 사랑받기 위해 태어난 사람)
08:01-03	축복송	사회자	이곳에 계신 모든 분들과 함께 하나님의 축복을 나누고 싶습니다. 이 시간 서로를 축복하며 '당신은 사랑받기 위해서 태어난 사람' 노래합니다.(후렴 반복)	PPT/ 악보/ 반주자

시간	항목		멘트	비고
08:03-10	특순		지금 이시간은 C 님의 색소폰 연주가 있습니다. 나오실 때 큰 박수로 환영해 주십시오. 1부 : Loving you, Going home 2부 : You raise me up, GBop 3부 : Loving you, You raise me up 4부 : Going home, GBop	마이크 셋팅 통자막 준비
08:10-12	광고	영상	사회자 광고 미리 숙지할 것	미리 준비된 영상 송출
08:12-15	헌금	영상	자막 추가: 오늘 처음오신 분들은 헌금을 하지 않으셔도 됩니다.(구두로 한번 더 말하기)	헌금 영상 송출 간증자 등단
08:15-19	신앙 소감문		지금 이 시간은 예수님을 만나 행복한 삶을 살고 있는 'D 님'(1, 2, 3, 4부)의 신앙소감문 발표가 있습니다.	보면대 및 무선 마이크 배경음악 CD
08:19-20	성경 봉독	사회자	이 시간 하나님의 말씀은 누가복음 19장 1절에서 6절입니다. 신약성경 127 페이지입니다. 처음 오신 분들은 앞에 있는 스크린을 보시면 됩니다.	
08:20-50	말씀	도원욱 목사	행복한 한성교회를 담임하시는 도원욱 목사님 나오셔서 '행복으로'라는 제목으로 말씀 전하시겠습니다. 큰 박수로 맞이하겠습니다.	
08:50-55	결신의 시간	도원욱 목사	▷ 결신자 초청1 : 결신자는 손을 들어 주시기 바랍니다. ▷ 결신자 초청2 : 전도자는 결신자와 함께 일어나 주시기 바랍니다. ▷ 결신 기도 : 도원욱 목사 (축하 박수/ 인사) ▷ 결신자 카드 제출 및 수거(교역자)	결신 순서 PPT 교역자 결신카드 수거 반주 / 결신기도문 PPT 결신기도 시 도우미들 통로 앞에 대기 위치
08:55-59	찬양	도원욱 목사		
08:59- 09:00	축도	도원욱 목사	축도 후 예배가 끝났음을 사회자가 멘트하기	결신함 구두 멘트 확인 / 자막 준비

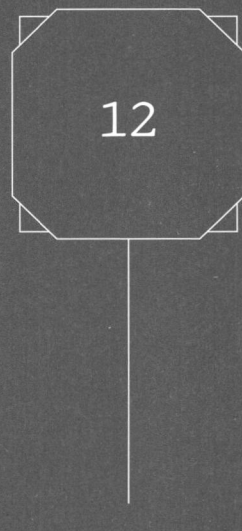

12

웰컴 전화

행축에 방문한 모든 분들에게 웰컴 전화를 하는 일은 매우 중요하다. 한성교회는 방문 주일에 받은 감동이 아직 가시지 않은 24시간 안에 지역장들과 전화특공대가 웰컴 전화를 하고 있다.

웰컴 전화를 마친 후에는, 다음 주 재차 방문하여 등록할 것으로 예상되는 사람을 A, 추후 조치에 따라 재방문 여부가 달라질 것으로 예상되는 사람을 B, 재방문 의사가 전혀 없는 사람을 C로 구분하여 표기한다. 그 후 담임목사의 이름으로 방문한 것에 대한 감사의 문자를 보낸다. 이때 단체 문자가 아닌 방문자의 이름을 넣어 보내도록 한다.

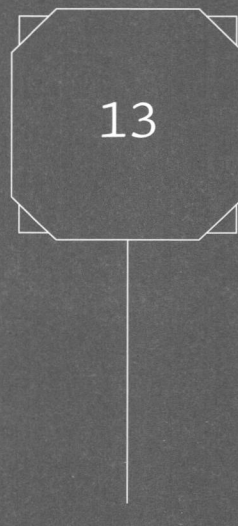

13

등록주일

이민을 가려면 시민권을 취득해야 하고, 이사를 가면 반드시 전입신고를 해야 한다. 행축 등록주일은 행축 방문 주일에 결신과정을 통해 교회에 다니고자 결신한 태신자들이 교회에 전입신고를 하는 날이다. 성도들은 행축 당일 방문자를 일주일 동안 더 잘 섬겨 앞으로도 교회를 올 수 있도록 돕는다. 혼자서는 가정을 이룰 수 없듯이 신앙생활 역시 혼자 할 수 없음을 강조하며, 등록해서 교회의 목양과 관리를 받을 수 있도록 권면한다.

등록주일 역시 접수 데스크를 설치해서 등록하고자 하는 사람, 그리고 저번 주에 방문하지 못해서 이번 주에 처음 방문한 사람 등을 돕는다. 한성교회는 행축 방문 주일의 다음 주일을 1차 등록주일로, 그 다음 주일을 2차 등록주일로 지킨다.

14

후속조치

한성교회는 빈틈없이 영혼을 관리하기 위해 최선을 다한다. 행축 또한 마찬가지다. 기존 성도들에게 전도를 독려했던 것처럼, 새롭게 방문한 사람들에게 교역자가 직접 전화기를 들어 문안한다. 영혼 구원에 대한 갈망으로 가득한 교역자들은 아무리 많은 수의 전화 심방도 주저하지 않는다.

1차 등록주일을 마치면 곧바로 6주 동안 후속조치에 들어가는데, 후속조치는 봄 행축에 방문하고 등록한 새 가족들에게 전화 심방 또는 대면 심방을 통해 한성교회에 정착할 수 있도록 돕는 적극적인 권면이다. 이 심방을 하며 예배 중에는 질문할 수 없었던 신앙에 대한 궁금증을 물어오기도 하고, 교회와 복음에 대한 오해를 풀고자 하는 등, 긍정적인 신호를 보내오는 사람이 많다. 이런 사람들을 흘려보내지 않는 것이 중요하다. 촘촘한 후속조치는 스스로 결신하지 못했던 영혼들을 찾아가 하나님의 사랑을 전하고 강권하여 신앙생활로 끌어오는 방법이다. 이는 잃어버린 한 영혼 때문에 아파하시는 하나님 아버지의 마음을 닮은 사역이라고 확신한다.

7
부

FESTIVAL CASES OF APPLICATION

행축 적용 사례

행축을 적용한 결과

이 장에서는 한성교회에서 함께 사역하던 목사들이 단독목회의 현장에서 행축을 적용한 결과를 소개하고자 한다. 한성교회에서 함께 하나님 나라를 위해 땀과 눈물을 흘린 목사들이, 또 다시 행축을 통해 새로운 부흥을 일궈내는 것을 보면 하나님의 관심이 전도에 있다는 사실을 재확인하게 된다. 주님은 단순히 숫자로서의 부흥이 아니라 '선교적 제자도'로서의 부흥을 갈망하는 교회를 외면치 않으신다.

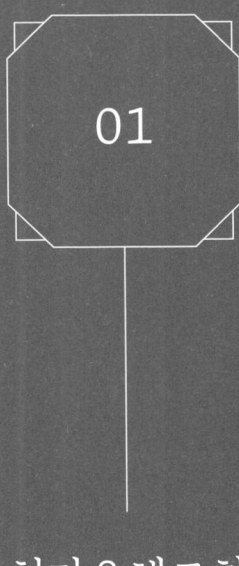

청라은혜교회

241 행축 적용 사례

청라은혜교회는 신도시에 위치한 교회다. 청라은혜교회의 담임목사인 김진우 목사는 부흥의 원인을 전도라고 고백한다. 청라은혜교회는 해마다 행복한 사람들의 축제를 실시해왔다. 코로나의 여파로 힘겨웠던 때에도, 멈추지 않았다.

처음 시작할 때에는 "과연 청라에서도 전도집회가 통할까?"라는 두려움이 있었다고 한다. 그러나 성도들은 한마음으로 행축의 모든 단계를 잘 따라주었다. 그 결과, 해마다 100명이 넘는 등록자가 청라은혜교회의 가족이 되었다.

행복한 사람들의 축제는 단순히 사람을 교회로 끌어오는 프로그램이 아니다. 수개월 동안 온 교회가 집중하여 영혼을 품고 엎드리는 영혼을 향한 뜨거운 사랑이다. 유별나 보일지 모르나 그것은 교회의 본질적인 사명이다. 그 사명을 따라 청라은혜교회는 기도와 전도에 힘썼다.

교회가 기도하고 전도하기 시작했을 때 따라오는 간증은 이루 말할 수 없었다. 사도행전 13장에 보면 안디옥교회의 다양한 리더들은 복음으로 하나되고 연결되었다. 청라은혜교회도 복음에 충실할 때 군살이 빠지고, 회복케 하시는 은혜가 넘쳤다. 무엇보다 목회자로서 구령의 열정이 회복되는 기회가 되었다.

차세대, 청년, 교구가 전도에 대한 동기부여로 묶이니 성도들의 체질이 바뀌고, 나아가 교회의 체질이 바뀌었다. 어느 목장의 목자는 "자신도 힘겨운 일이 많은데, 들어오는 새가족을 섬기다

보니 자신의 문제는 어느덧 사라지고 없었다"라는 고백을 한 적이 있다. 전도를 통해 기존 성도들이 성장하고 변화되는 간증이 넘쳐나게 되었다.

　행복한 사람들의 축제를 부담스러워하고 참여를 어려워하는 성도들도 있다. 그러나 곳곳에서 남편, 아내, 자녀, 친구, 직장동료가 복음으로 들어오는 것을 경험하면서 서서히 마음 문이 열리고 있다.

　전도와 선교에 순종하고자 했을 뿐인데 하나님은 교회와 성도들의 필요를 하나하나씩 먼저 채워주셨다. 누군가의 간증이나 고백을 들으며 나도 저런 채워주심을 경험하고 싶다는 소망이 생겨났다. 그리고 소망으로 끝나는 것이 아니라 실제로 성도들의 삶 안에서 일어나고 있다.

　행복한 사람들의 축제를 통해 교회 전체가 복음의 본질에 집중하게 되고, 성도들이 변화되며, 함께하시는 하나님을 경험하게 되어 정말 감사하다. 세상은 여전히 어둡고 혼탁하지만 복음을 통해 이뤄질 하나님의 나라는 결코 후퇴하지 않을 것이다. 주님 다시 오실 때까지 행복한 사람들의 복음 행진은 멈추지 않을 것이다.

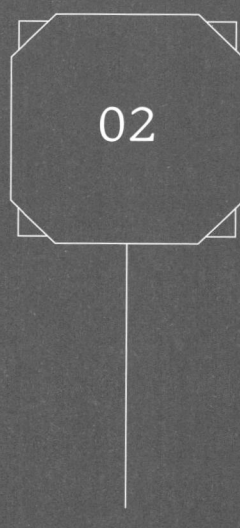

구미상림교회

110년이 넘는 역사를 가진 구미상림교회는 아름다운 자연으로 둘러싸여 있다. 농촌에 위치해있는 만큼 성도들은 대부분 노년층이었다. 성도들의 연령대가 높기에 성도들의 숫자가 자연스럽게 줄어들고 있었다.

구미상림교회의 담임목사인 배호진 목사는 과거 경산중앙교회와 한성교회 청년부를 이끌었던 경험을 살려, 인근에 위치한 경운대학교 캠퍼스로 전도지와 전도용티슈, 설문지를 들고 찾아갔다. 다음 주일에 청년 2명이 등록을 하자 교회가 술렁이기 시작했다. 성도들이 도전을 받은 것이다.

그 후, 지역 거점 전도가 시작되었다. 전도한 다음 주일에 곧바로 6인 가정이 교회를 방문하자, 교회는 또 한번 술렁였다. 열매가 맺히는 것을 본 성도들은 담임목사가 제시하는 복음의 본질에 아멘으로 화답하며 복음을 전하는 것에 동참했다.

모든 성도들과 함께 뜨거운 마음으로 행축을 진행했다. 행축 매뉴얼에 따라 태신자 작정을 시작했다. 그리고 릴레이 금식기도, 전도와 영적 전쟁, 특새, 전도현황 파악 등 모든 단계를 5월 말까지 이어갔다. 결과는 놀라웠다. 110년 넘은 농촌교회의 첫 전도집회에 67명이 방문했다. 재적 60명의 성도가 67명을 전도한 것이다. 가을에는 90명이 방문했다. 행축을 할 때마다 정착율은 20%가 넘었다. 상림교회 성도들이 '1년 만에 2배의 부흥이 이루어졌다'고 감격해했고, 좋은 소문도 나기 시작했다.

상림교회의 셀리더들과 전도자들은 매 주일, 한 영혼, 한 사람을 자기 차로 직접 태워 데리고 온다. 그리고 예배 후에는 직접 다시 바래다준다. 혹, 누가 예배에 못 온다는 이야기가 들리면, 찾아가는 심방을 통해, 꼭 교회에 오도록 돕는다. 상림교회는 주변 여러 지역에서 모이는 교회가 되었다. 상림교회에서는 매주 화, 목, 금, 토요일에 현장 전도가 이루어지고, 요일마다, 다른 지역 거점에서, 10-15명이 전도하며 지역의 영적 판도를 변화시키고 있다.

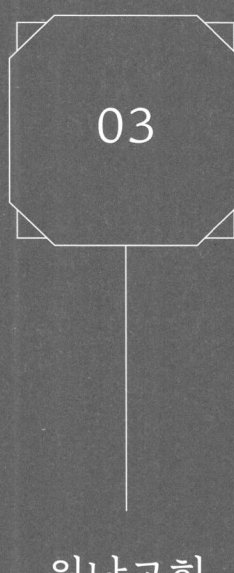

원남교회

원남교회는 도심에 위치한 67년 된 교회다. 서울의 중심부에 위치했기 때문에, 교회 주변은 주거지역이 아니라 상권이 발달해 있다. 이런 위치의 특성상 원남교회 성도들의 상당수는 차로 1-2시간 거리에 사는 타지역에 살고 있다. 그래서 권기웅 목사가 부임하기 전에는 주중 예배, 주중 전도는 활발하게 이루어지지 않고 있었다.

권기웅 목사는 원남교회에 청빙되어 부임한 첫해, 행복한 사람들의 축제를 열었다. 예배의 뜨거움을 회복하기 위해 몸부림치며, 기도의 불을 지폈다. 매 예배마다 전도를 강조하고, 태신자를 작정했다. 9월부터 3개월 동안, 전도에 온 힘을 기울였다. 그 결과 첫 행축에 장년이 230명 출석하는 교회에 543명의 방문자가 찾아오게 되었다. 안내를 하던 몇몇 성도들은 예배당에 가득 찬 사람들을 보며 눈물을 글썽였다. 하나님은 원남교회의 행축을 통해 수많은 영혼들을 구원하셨고, 사람의 생각으로는 설명할 수 없는 일들을 보여주셨다.

권기웅 목사가 원남교회에 부임한 후 7년 동안 장년은 배가 성장했고, 청년은 18배, 주일학교는 3배가 성장했다. 교회 근처에 주거 지역은 적지만, 서울대, 고려대, 홍익대 등 대학이 많은 점을 잘 살려 도심에 위치한 교회로서의 역할을 충실히 감당하고 있다. 지금까지 모두 14번의 행복한 사람들의 축제를 진행하면서 교회의 체질이 완전히 바뀌어 예배와 전도를 향한 열정이 가득하게 되었다. 전도 중심의 교회로 체질이 바뀌었기에 코로나 상황에도 흔들리지 않고 전도의 결실을 맺을 수 있었다.

원남교회는 2021년에도 행복한 사람들의 축제를 선포했다. 정부 방역지침에 따른 예배 공간의 한계로 인해 12주 동안 주일 저녁마다 '소규모' 전도 집회로 진행하는 전략을 세웠다. 코로나19 상황 속에서도 155명이 방문하여 70%에 가까운 100명이 결신했다. 그리고 무려 40명이 등록했다. 하나님의 은혜가 아닐 수 없다. 원남교회는 한 영혼의 가치를 알고 거기에 헌신할 줄 아는 교회로서, 하나님 나라를 위해 지금도 달려가고 있다.

권기웅 목사는 이렇게 고백한다 "행축을 통해 복음을 듣고 삶이 한순간에 변화되는 경우는 셀 수 없습니다. 쪽방에 살고 있으면서도 복음을 들었으니, 하나님 한 분으로 든든하고 행복하다고 말하는 성도들의 간증이 끊이지 않고 있습니다. 한 영혼을 향한 본질적 사역은, 가장 먼저 목회자로서 나 자신을 바꾸었고, 그리고 67년 된 원남교회도 바꾸었습니다. 앞으로도 도원욱 목사님의 가르침대로 행축을 통한 부흥과 성장을 계속해서 이루어 나가게 될 것을 확신합니다."

베들레헴교회

2009년까지 최광영 목사는 경산중앙교회에서 7년 동안 부교역자로 사역했다. 이후 그는 경북 경산시 용성면에 소재한 교회를 4년 동안 담임목사로 사역하면서 행복한 사람들의 축제를 열었고 괄목할만한 성장을 이루었다.

2012년 최광영 목사는 베들레헴교회에 임시목사로 부임했다. 당시 교회는 41억의 은행부채 상환이 임박해 있었고, 성도들도 많이 지쳐 있는 상황이었다. 교회의 여러 문제 앞에서 최 목사는 행복한 사람들의 축제부터 선포했다. 부임한 지 4개월 만의 일이었다. 행복한 사람들의 축제 모든 일정은 교회를 생명력 있게 만들었다. 첫 번째 행복한 사람들의 축제 방문 주일에 250명이 방문하고 50여 명이 등록하는 결실을 낳았다.

최 목사는 양육, 제자훈련보다 먼저 시작한 전도와 '행복한 사람들의 축제'로 목회적 신뢰를 얻을 수 있었으며 행축이 목양 리더십에 큰 힘이 되어주었다고 고백한다. 베들레헴교회는 10년의 시간 동안 약 20번의 행축을 실시했다. 단순, 지속, 반복을 통하여 성도들은 행축 스타일로 변하였고, 매년 20%씩 성장하여 코로나 이전에는 매주 평균 출석 700명대로 성장했다.

베들레헴교회 행축의 특이한 점은 하반기 행축이 "행복을 이어주는 크리스마스"라는 주제로 성탄절에 이루어진다는 점이다. 성탄절에 태신자를 초대하여 성탄절의 참된 의미와 복음 메시지를 전하는 구조다. 크리스마스 때 태신자를 교회에 초대하는 것이

덜 부담이 되고 태신자들 역시 종교적 이질감에 대한 부담이 적어 변화·적용한 사례로, 효과적이고 열매도 많았다고 한다.

어린이 주일을 중심으로 어린이 행복한 사람들의 축제도 실시했다. 이른바 차세대 행복한 사람들의 축제였다. 교회 주변의 불신 어린이들에게 복음을 전했고, 주일학교는 성장했으며, 행축은 주일학교의 문화 콘텐츠가 되었다. 행축을 통하여 불신가정은 복음으로 회복되고 교회 문턱은 낮아졌다. 또한 전도는 성도들에게 '신자로서 당연히 해야할 것'이라고 인식되었다.

행복한 사람들의 축제는 국내 전도를 넘어 해외 선교라는 사역에 적극적으로 참여하게 했다. 베들레헴교회는 해외 선교지에 45개 교회를 건축하고, 10명의 선교사를 파송했다. 코로나19도 불구하고 2020년에는 캄보디아에 10번째 선교사를 파송하기도 했다.

최광영 목사는 이렇게 고백한다. "행복한 사람들의 축제는 교회가 본질적인 사명에 충실하게 하는 도구입니다. 본질적 사명에 순종했던 베들레헴교회는 코로나19의 어려운 시기에도 든든히 서가는 교회가 될 수 있었습니다. 모든 영광을 하나님께 올려드립니다."

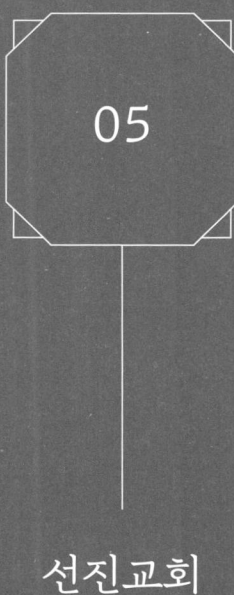

선진교회

선진교회는 1973년 경남 사천시 용현면에 세워진 49년 역사의 교회다. 2019년 2월, 손대영 목사가 부임했다. 20명 가량의 성도들이 남아있었고, 교회건물은 전통적인 인테리어로 엄숙하지만 어두운 분위기가 있었다. 손 목사는 무엇보다 살아있는 예배를 드리는 교회를 꿈꿨다. 소망에 응답하신 하나님의 은혜로 부임 후 두 달 만에 성전 리모델링을 할 수 있었다. 교회 뼈대만 남기고 완전히 다 바꿨다. 아름답게 칠을 한 예배당은 완전히 새롭게 탈바꿈했다.

손 목사는 성전 리모델링을 진행하면서 행복한 사람들의 축제를 선포했다. 부임과 동시에 행복한 사람들의 축제를 시작한 것이다. "선진교회를 세운 목적은 영혼 구원입니다!" 예배당만 리모델링한 것이 아니라 성령께서 성도들의 마음의 성전도 회복시키셨다. 마을 전도도 시작되었다.

행축 매뉴얼에 따라 태신자를 작정하고 보니, 80명이 넘었다. 전 교인이 태신자 작정에 동참한 것이다. 한성교회와 발맞추어 관계 맺기, 특별새벽기도회 등을 이어나갔다. 교회가 전도 중심적 공동체로 바뀌었다. 2019년 5월, 행복한 사람들의 축제 방문 주일에 100여 명이 참석하여 복음을 들었다. 1부와 2부로 진행된 예배에 앉을 자리가 없을 정도였다. 방문자에게 교회가 준비한 선물을 드렸고, 만찬도 나누었다. 그리고 후속관리도 놓치지 않았다. 어촌의 특성상 우상이 많아 복음을 잘 받아들이지 않는 경향이 있음에도 불구하고 무려 10명의 새가족이 등록했다.

성도들은 하나님이 자신들을 통해 이루신 열매에 감격했다. 손 목사는 집으로 찾아가는 등록 심방을 하고, 매 주일이면 새가족 공부도 열심히 인도했다. 그렇게 한 사람, 한 사람 정착한 새가족은 열심히 신앙생활을 하고 있다.

2020년에 선진교회는 코로나19로 인해 행축을 미뤄두고 있었다. 하지만 코로나 상황에도 행축을 쉬지 않는 교회들을 보며, 선진교회는 앞으로 어떤 상황과 위기가 찾아와도 행복한 사람들의 축제를 쉬지 않으리라는 눈물의 결단을 했다고 한다.

2021년 선진교회는 다시 행복한 사람들의 축제를 선포했다. 몇 주간에 이루어진 '전도설교'로 동기부여를 하며 성도들을 독려해 나갔다. 감사하게도 성도들이 100여 명의 태신자를 작정해 주었고, 작정한 태신자 명단을 현수막으로 제작해 강대상 앞에 붙여두고, 성도들과 함께 간절하게 기도했다.

'행복한 사람들의 축제' 방문 주일, 아침부터 비가 왔지만 1부와 2부에 방문한 태신자만 모두 100명이 넘었다. 놀랍게도 20여 명이 등록했다. 초심대로 등록 심방과 새가족 교육에 마음을 쏟았고 하나님은 15명이라는 가족 수료생을 선물로 주셨다. 행축을 통해 선진교회에 온 새가족들은 차근 차근 성숙한 신앙인으로 세워졌으며 또 한명의 전도자가 되었다.

손대영 목사는 이렇게 고백한다. "목회자가 예수로 행복해야 성도가 행복하고, 성도가 행복해야 교회가 건강하며, 교회는 행복한 세상을 만들 수 있습니다. 행복한 사람들의 축제를 통해 목회 본질과 방향을 잡을 수 있도록 인도하신 하나님께 감사드립니다."

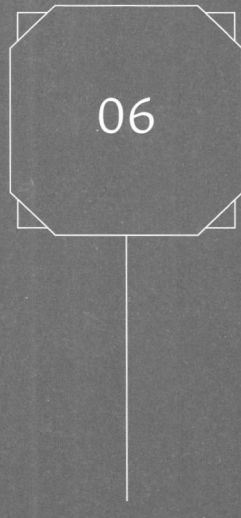

06

수원동부교회

행축 적용 사례

수원동부교회는 임재홍 목사가 담임목사로 사역하고 있다. "행복한 사람들의 축제"를 진행하면서 수원동부교회는 놀라운 변화를 이루었다고 한다.

행복한 사람들의 축제는 "상황을 역전시키시는 하나님의 능력의 통로"이다. 임 목사가 부임하기 전 수원동부교회는 내외부적인 큰 위기의 상황에 당면해 있었다. 마치, 느헤미야가 무너진 예루살렘 성벽을 바라보며 수일간 하나님 앞에 목놓아 울 수밖에 없었던 것처럼, 공동체의 지도자들과 성도들의 마음은 다 무너지고 지친 상태였다. 수년 간 이어진 이같은 영적 유린 현상의 자연스러운 결과로 예배에 출석하는 성도들은 꾸준히 감소하여 교회 전체가 힘을 잃어버리고 있는 비통한 상태였다.

임 목사는 금식하며 기도하고, 성도들의 무너진 마음들을 위로하며 하나님의 보좌 앞으로 나아갔다. 무엇보다 공적 예배들을 촘촘히 정비하여 예배가 강력한 성령의 역사하심을 경험할 수 있는 통로의 역할을 할 수 있도록 변화시켰다. 모든 리더들과 성도들에게 교회가 존재하는 궁극의 목적인 '전도와 선교의 사명'을 고취시키기 위해서 전도와 선교 프로그램을 재정비했고, 그 핵심에 있었던 것이 바로 "행복한 사람들의 축제"였다.

행복한 사람들의 축제를 성공적으로 이끌기 위해서 가장 필요한 것은 행축을 이끄는 지도자가 그것에 대해서 충분한 마음을 가지고 전폭적으로 헌신(Commitment)하는 것과 모든 성도들의 마음을 하나로 집중시킬 수 있는 영적 리더십(Spiritual Leadership)을 보여주는 것이었다. 처음 행복한 사람들의 축제를 도입하여 시행하기 위해서 성도들에게 설명했을 때, 성도들 안에 기존의 교회들에서 평범하게 실행하는 전도 프로그램에 대한 불신이 남아 있었다. 하지만, 그럴 때마다 '행축이 왜 기존의 전도 프로그램과 차별화 되는지, 행축을 할 때 어떠한 특별한 기쁨을 누릴 수 있는지, 결국 행축의 결과가 어떠한 열매로 나타나게 되는지'에 대해서 지속적으로 성도들과 커뮤니케이션했다.

처음 시행한 행복한 사람들의 축제는 결과적으로 하나님이 주시는 은혜로 인한 감격과 기쁨이 가득한 '크신 구원의 장'이 되었다. 부임 첫해인 2019년 봄에는 40일 전교인 금식기도를 하며 교회 전체의 영적 상황을 점검했고, 예배 순서 및 찬양팀의 개편, 금요성령집회 등 기도모임의 회복, 소그룹 시스템의 총체적 변화 등에 집중했다. 그리고, 그 해 가을의 문턱에 행축을 선포하고 10월 마지막 주에 있을 첫번째 행축을 위한 레이스에 돌입했다. 놀라운 것은, 행축을 위한 영혼작정 첫 예배에서 당시 장년 출석 인원 350명이 약 1,500명을 작정했다. 큰 감격 가운데 시행된 첫번째 행축 이후 약 두 달 안에 실제 예배 출석 인원이 100여 명 가량 성장하는 은혜가 있었다. 슬픔과 좌절이 가득했던 공동체에 회복의 은혜가 임하고 영적인 역전 현상이 일어나기 시작했다.

그 이후에도 하나님의 은혜는 지속되고 있다. 2021년 봄에는 코로나19의 상황을 고려하여 온라인과 오프라인을 병행하여 행축을 시행했고, 적지 않은 영혼들이 주님 앞에 돌아왔다. 2021년 3월 2.5단계 거리두기가 마무리되고 약 4개월 만에 청장년 인원 100여 명이 등록했고, 그중에 청년들의 비율이 40%였다. 온라인을 통해서 각 가정에서 예배를 드리게 되면서, 절대로 교회에 가지 않겠다고 했던 남편들과 이웃들이 더 편안하게 마음을 열고 복음에 노출되는 은혜가 있었고, 그 결과 직장 사정으로 아직까지는 현장예배에 참석하지 못하고 있지만, 정기적으로 예배를 드리는 성도들까지 생겼다.

임재홍 목사는 이렇게 고백한다. "진정한 사역은 하나님이 맡기신 과업을 성취하는 것입니다. 교회와 목회자는 주어진 과업을 성취할 수 있는 능력이 있어야 합니다. 행복한 사람들의 축제는 과업을 성취하기 위하여 하나님께서 주신 축복의 통로입니다. 행축을 하는 공동체마다 하나님 아버지의 마음이 회복되는 것을 목격하게 될 것입니다. 행축을 통하여 "너희는 온 천하에 다니며 만민에게 복음을 전파하라(막 16:15)"라고 명령하신 주 예수 그리스도의 사명을 온 성도들이 이어받는 역사가 일어나게 될 것입니다. 하나님께서 성도들 모두에게 심어두신 탁월한 역량(Competence)을 발견하고 개발하여 발휘할 수 있는 통로가 될 것입니다. 나아가, 행축을 통하여 교회와 성도 개개인이 위대한 하나님의 나라를 경험하고 만방에 복음을 선포하는 역사가 일어나게 될 것입니다. 행복한 사람들의 축제를 통하여 하나님의 크신 역사를 경험하게 될 모든 분들을 축복합니다!"

> **행복한 사람이
> 행복한 세상을 만듭니다**

행복을 말하다

초판 발행	2021. 10. 15.
지은이	도원욱
표지디자인	도미솔
펴낸곳	제이콥스 래더
등록번호	제2015-000031호
주소	서울시 양천구 신정로13길 21
홈페이지	www.jcladder.org

ISBN 979-11-91502-13-8

제이콥스 래더(Jacob's Ladder)는 하늘과 땅을 연결하는 '야곱의 사다리'(창 28:12)입니다. 하나님과 세상을 연결하고 하나님의 나라를 이 땅에 세우기 위해 돕고 섬기는 출판사입니다.
이 책은 저작권법에 따라 보호를 받는 저작물이므로 무단 전재와 복제를 금합니다.

Jacob's
Ladder